我的孩子 1 岁了

黄 雄　兰晓华 ◎ 编著

中国纺织出版社有限公司

内 容 提 要

和襁褓中的婴儿相比，1岁的幼儿是更难照顾的，因为他们既有独立活动的能力，又对世界充满好奇，所以父母一不留神，孩子就有可能受到伤害。

本书以儿童心理学为基础，结合1岁孩子在成长中的各种表现，为父母列举了1岁孩子相比起婴儿时期的各种变化，让父母对孩子的成长有更深入的了解，为父母教育和照顾孩子，提供更多切合实际的指导意见。

图书在版编目（CIP）数据

我的孩子1岁了／黄雄，兰晓华编著．--北京：中国纺织出版社有限公司，2021.2
ISBN 978-7-5180-7879-0

Ⅰ．①我… Ⅱ．①黄… ②兰… Ⅲ．①婴幼儿—家庭教育 Ⅳ．①G781

中国版本图书馆CIP数据核字（2020）第175480号

责任编辑：李凤琴　　责任校对：高　涵　　责任印制：储志伟

中国纺织出版社有限公司出版发行
地址：北京市朝阳区百子湾东里A407号楼　邮政编码：100124
销售电话：010—67004422　　传真：010—87155801
http://www.c-textilep.com
中国纺织出版社天猫旗舰店
官方微博http://weibo.com/2119887771
三河市宏盛印务有限公司印刷　各地新华书店经销
2021年2月第1版第1次印刷
开本：880×1230　1/32　印张：7
字数：115千字　定价：29.80元

凡购本书，如有缺页、倒页、脱页，由本社图书营销中心调换

前言

　　如果你是一个足够细心的家长，你就会发现，1岁孩子的表现，和此前他在整个婴儿时期的所有表现都是不同的。这是因为孩子在不同的年龄会有不同的发展，也会做出不同的行为。有了这样的理论指导，你可能会觉得心里更加踏实，因为孩子出现的各种巨大变化而产生的焦虑也会渐渐地消减。但是即便是这样，我们依然认为大多数父母并不了解孩子在特定的成长阶段会有哪些变化，也不知道应该如何应对孩子的改变，这使父母在教育孩子的过程中表现出极大的盲目性。其实，当孩子发现自己的变化时，也会感到非常紧张。这个时候，父母如果不能站在更高的高度上给予孩子指导，那么孩子就会更加无助。作为父母，一定要知道每个孩子作为生命个体都是独特的，是不可取代的，但是，每一个孩子所表现出来的行为并不是极端的个例，而是可以在其他孩子身上找到相似的影子。也就是说，教育孩子既可以由点及面，也可以由面到点，只有把这两方面结合起来，父母才能够以更从容的态度面对孩子的成长，也才能够以更坚定不移的意志力陪伴在孩子的身边。

　　新生命从呱呱坠地就开始了快速的成长过程，在整个婴幼

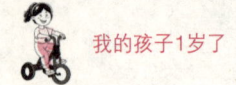
我的孩子1岁了

儿阶段，孩子的变化是非常大的，他们几乎每天都是一个全新的自己，所以父母要认识到孩子生长发育的特点，接纳孩子的各种改变。

众所周知，在这个世界上，每一个孩子都是独特的生命个体，他们与任何人都不相同。即使是同卵双胞胎，虽然长得看起来很相像，但实际上他们也是有大不同的。越是了解他们的人，越是会感受到他们巨大的差异。每个孩子在成长的节奏上也是不同的，有的孩子成长得相对比较快，而有的孩子成长得则相对比较慢，所以父母不要因为1岁孩子在某些方面的表现不能够在同龄人中出类拔萃而抓狂，要知道，如果每个孩子都出类拔萃，那就没有所谓的出类拔萃。实际上，孩子不管成长发育得快还是慢，这都是属于正常的现象。父母只有保持一颗佛系的心，耐心地等待孩子成长，才能够看到孩子的绽放。

总体而言，孩子在成长过程中，不同能力的发展会有差异，例如，有的孩子某些方面的能力发展得很快，而某些方面的能力却发展得相对比较慢，但是整体来看他们的发展是均衡的。在本书里，我们为父母列举了1岁孩子在成长发育方面的很多变化，也尽量为父母解答抚养孩子成长过程中的一些困惑。也许这些并不能涵盖所有父母的困惑，也不能够解开所有父母的心结，但是对于大部分父母来说，希望能起到一定的指导作用。

每一个为人父母者，都希望自己是最优秀的，也希望自

前言

己的孩子是无人能及的。当然，这是一个美好的愿望，但是是否能够实现却并不取决于每个人主观的思想。当新生命还是妈妈身体内一颗幼小种子时，妈妈对于新生命唯一的期盼，就是希望他能够健康成长，平安出生。然而随着孩子不断成长，父母对孩子的要求也会越来越高，在这样的情况下，亲子关系也就会从一开始的单纯美好变得充满了复杂的矛盾。在这种情况下，父母作为亲子关系的主导者，应该调整好心态，才能够与孩子之间建立更好的关系，也才能够加深亲子感情。

看着孩子一天天的变化，父母的内心一定充满了欣喜，但是如果父母不了解孩子，就不能够更好地陪伴孩子，尤其是当孩子在成长发育过程中遭遇很多困惑，甚至是遇到阻力的时候，父母就无法为孩子扫清障碍。只有更加走入孩子的内心，知道孩子的所思所想，设身处地地理解孩子的情绪和感受，父母才能够成为孩子最好的陪伴者，也才能够真正指引孩子的人生。

编著者

2020年10月

目录

第01章 请重新认识你的孩子
　　——迎接成长加速的1岁时光 //001

尊重孩子成长的规律，发展孩子与众不同的个性 //002
陪伴，是给孩子最好的礼物 //005
积极地给予孩子回应 //009
接纳孩子本来的样子 //013

第02章 了解1岁孩子的特质
　　——关注孩子的身心发育 //017

非常固执，热衷于肢体活动，开始喜欢钻洞 //018
坚持到底或者毫无兴趣 //022
情绪起伏不定，不容易自我控制 //025
无法承受困难与挫折，喜欢尖叫哭闹 //028
要特别防范好奇心引发的危险 //031
逆反心理初露端倪 //035

第03章 1岁孩子的行为能力
　　——带来惊喜的大幅度进步时期 //039

学习走路 //040

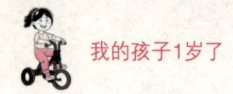

我的孩子1岁了

双手灵巧 // 043

乐于表现，喜欢被夸奖 // 047

蹒跚学步，摔倒了也不怕 // 050

在挫折中学会做很多动作 // 054

乐于表达，偶尔会自言自语 // 058

第04章　1岁孩子的人际能力

——别害怕孩子的以自我为中心 // 061

喜欢独来独往，以自我为中心 // 062

孩子自私冷漠怎么办 // 066

更亲近妈妈 // 069

乐于和成人沟通，却把小伙伴当玩具 // 073

乐于模仿，向大孩子学习 // 076

用爱鼓励孩子，让孩子更勇敢 // 078

第05章　1岁孩子的习惯养成

——请给孩子足够的耐心和关注 // 081

尽量别让孩子太早单独睡 // 082

大小便训练很重要 // 087

纠正孩子的不良习惯 // 094

孩子能看电视吗 // 097

养成三大饮食习惯 // 100

家有"夜哭郎" // 104

第06章　1岁孩子的心智启蒙
　　　　　——初步培养孩子的认知能力 // 107

了解孩子是如何学习语言的 // 108

帮助孩子提高词汇量 // 112

父母要关注孩子说话晚的问题 // 116

1~2岁孩子的大脑发育信号及认知能力的发展过程 // 119

借助游戏提高孩子的认知能力 // 122

如何进行亲子阅读 // 127

第07章　1岁孩子的情商培养
　　　　　——让孩子的内心从小就装满爱 // 131

孩子需要怎样的自由 // 132

学会对孩子表达情感 // 137

二胎到来，大孩为何发育倒退 // 141

做好父母，要控制好愤怒 // 147

不要当着孩子的面吵架 // 152

第08章　1岁孩子的看护技巧
　　　　　——眼睛一刻不离开孩子 // 157

转移孩子的注意力 // 158

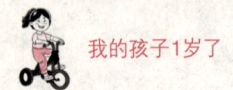
我的孩子1岁了

安排孩子喜欢的活动 // 161

了解孩子的性格，培养孩子的挫折承受能力 // 165

分散孩子的注意力 // 170

吸引孩子的注意力，激发孩子的好奇心 // 173

孩子喜欢"保护领地" // 176

做好安全保护工作 // 180

用简单的语言和孩子沟通 // 183

允许孩子用行为发泄情绪 // 187

第09章　1岁孩子麻烦事很多
——别害怕，我们帮你解惑 // 191

孩子不喜欢吃东西 // 192

孩子晚上不愿意睡觉 // 194

孩子不愿意洗澡 // 197

孩子喜欢咬人、打人 // 200

必须坚持对孩子进行正面管教吗 // 204

孩子为何不愿意吃肉类和蔬菜 // 208

孩子为何爱看电视 // 211

参考文献 // 214

第 01 章

请重新认识你的孩子——迎接成长加速的 1 岁时光

新生儿从呱呱坠地开始,娇弱的生命就需要依靠父母的照顾才能渐渐成长。等到孩子终于长到12个月大的时候,他们显得娇滴滴的,呆萌呆萌的,非常可爱。他们十分乖巧,最喜欢到热闹的人堆里凑热闹,但是他们又很吵闹,却绝不惹人讨厌,而是让人心生爱怜。在这一年的时光里,父母如果能够给予孩子足够的爱心,耐心陪伴孩子成长,就能够越来越了解孩子,而且可以根据孩子的身心发展特点,给予孩子适度的照顾和引导,从而使孩子身心健康,个性得以健全发展。

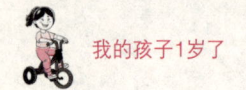

我的孩子1岁了

尊重孩子成长的规律，发展孩子与众不同的个性

常言道，三岁看大，七岁看老。这句话是什么意思呢？意思就是说可以通过孩子小时候的表现，预知孩子未来的一生将会如何。这听起来有些玄奥，实际上是有科学道理的。心理学家经过研究证明，孩子在婴幼儿时期的表现往往预示了他们未来一生的发展情况。作为父母，切勿觉得孩子在婴幼儿时期不需要过多的关照和爱，也不要忽略孩子在婴幼儿时期的成长。如果父母能够从孩子婴幼儿时期就非常认真地观察孩子的言行举止，并且在未来孩子成长的各个阶段，父母都可以给予有力的帮助，那么孩子就能平稳地度过成长的各个阶段。

现代社会中，很多父母都陷入了教育焦虑状态，他们望子成龙、望女成凤，甚至带着才几个月的孩子去上亲子班。还有更加心急的父母，当孩子还在妈妈的子宫里时，就对孩子进行胎教。实际上，孩子的成长是有规律的，作为父母，切勿对孩子做出揠苗助长的行为，而是要尊重孩子成长的规律，这样才能够更好地帮助孩子获得各方面的技能，让孩子的个性得到发展和健全。

尤其需要注意的是，不管父母多么心急，都不可能代替孩子去成长，也不能够要求孩子跨越任何一个成长阶段。举个最

第 01 章

请重新认识你的孩子——迎接成长加速的 1 岁时光

简单的例子，孩子要先学会走路，才能够学会奔跑。在这个世界上，绝没有孩子在不会走路的情况下就能够健步如飞，快速奔跑。所以不管父母多么着急，都不要试图带着孩子跃过某一个成长阶段，而是应该根据孩子身心发展的规律来调整自己对于孩子的预期。现在很多家庭里亲子关系之所以紧张，就是因为父母对孩子怀有过高的期望，太过急功近利，迫不及待地希望孩子能够成人成才，这样一来，非但无助于孩子成长，反而还会对孩子的成长起到副作用。

父母既不能对孩子揠苗助长，也不能忽略孩子在各个成长阶段中的典型表现，否则就会错过对孩子进行培养和引导的黄金时间。只有在正确的时间做正确的事情，才能够事半功倍。否则都会导致事倍功半。因此，明智的父母会细心观察孩子的成长，也会抓住孩子成长的各个阶段，及时帮助孩子。

还有的父母期望孩子可以成为性格平和的人，或者是性格阳刚的人。实际上孩子的性格有一部分是天生的，另一部分是在后天的成长中受到外界的影响而形成的。父母无法完全塑造孩子的性格，却可以引导孩子的性格朝着更好的方向发展。例如，父母可以帮助孩子克服性格中消极沮丧的一面，与此同时，强化孩子性格中积极阳光的一面，这样一来，孩子的性格就会变得更乐观向上。

需要注意的是，每个孩子都是世界上独一无二的生命个体，每个孩子成长的过程都是不可替代，也不可改变的。作为

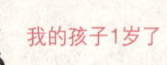

我的孩子1岁了

父母,我们要尽量为孩子营造良好的成长环境,创造良好的家庭氛围,不能要求孩子只能按照父母的期望和安排去成长。作为父母要怀有一颗平常心,既对孩子怀有期望,也要给予孩子成长的自由,接纳孩子呈现出来的模样。

第 01 章

请重新认识你的孩子——迎接成长加速的 1 岁时光

陪伴，是给孩子最好的礼物

很多父母觉得婴幼儿还很小，也不懂事，所以只要能够满足他们吃喝拉撒等基本的生理需求就好，孩子也并没有精神与情感上的需求。实际上，父母这样的理解和认知是完全错误的。婴幼儿很喜欢有人在他们的身边做出各种各样的举动，与他们进行交流。虽然他们还不能完全理解人类的语言，也不能够表达自己的所思所想，但是他们可以看到父母脸上的表情，感受到父母的情绪。很多细心的父母都会发现，当他们情绪很高昂地逗婴儿开心的时候，婴儿就会哈哈大笑起来；当他们面色严肃地面对婴儿的时候，婴幼儿就会感到非常紧张，甚至也一脸严肃。这是婴幼儿亲近父母的本能，也是他们作为人想要在人群中生活的需求。父母应该用非常原始且自然的方式与婴幼儿相处，每天多花一些时间和婴幼儿玩闹，这样婴幼儿对父母才会更加熟悉和亲近，也才会获得安全感。

让很多父母都感到特别焦虑的是，一些自称为教育专家的人提出了一个口号——"不要让孩子输在起跑线上"。从本质上来说，人生真的有起跑线吗？其实这个口号的前提就是错误的，事实告诉我们，人生并没有起跑线。遗憾的是，大多数父母都只关注"不让孩子输"这几个字，而忽略了"起跑线"

我的孩子1岁了

这几个字。如果父母只把关注点放在"不要让孩子输"这几个字上,那么就会在孩子诞生那一刻起,被所谓的竞争捆绑住。如今有太多的父母迫不及待地在家里挂上各种识字卡、算数卡,教孩子识字或者完成算术题,甚至还会在家里教孩子说英语,认识英语字母。实际上,这样急功近利的行为非但不能够促进孩子成长,反而会使孩子在成长过程中遭遇各

第 01 章
请重新认识你的孩子——迎接成长加速的 1 岁时光

种困惑。

对于婴幼儿而言,他们最需要的是什么呢?他们最需要的是父母能够多抽出一些时间陪伴他们,和他们说那些简单易懂的话,逗他们开心,陪他们做一些好玩的游戏。与教授孩子们各种各样的知识,填鸭式地向孩子们的脑海中塞入一些技能相比,这样轻松有趣的家庭教育显然是孩子们更需要的。等到有一天孩子长大了,回忆起童年时期的生活,他们会认为这一段时间和父母相处的经历非常珍贵,会带着温暖和笑容去回忆。

孩子的生命是非常孱弱的,他们很需要安全感。如果孩子在年幼的时候就和父母分开,由老人负责代养,那么他们内心就会非常焦虑。他们迫不及待地渴望验证一件事,那就是父母非常爱他们,会始终陪伴在他们的身边。如果孩子不能确定这一点,那么也许他们年幼的时候还不懂事,但是等到他们真正长大之后,幼年时代父母亲情的缺失将会在他们的人生中留下深刻的烙印。

在农村,很多年轻父母都出去打工了,会把孩子放在家里,交给老人养育。一部分父母想得非常简单,认为孩子还小,还不懂事,要到五岁前后才会记事情。所以,无论五岁前如何成长,他们认为这并不会对孩子造成不良影响。事实并非如此,曾经有心理学家针对那些留守儿童进行过观察和研究,发现大多数留守儿童都有感情冷漠的现象,这与他们从

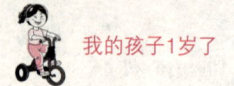

小就与父母分离，在幼年成长的过程中很少得到父母的关怀密切相关。

父母也必须认识到，孩子的成长过程是不可逆的，也是非常珍贵的。父母一旦错过了孩子的成长，等到孩子长大成人之后再想弥补孩子，那是不管有多少钱，也不管付出多少时间都不可能实现的。所以父母要调整好工作与生活的关系，挤出时间来陪伴孩子。

第 01 章
请重新认识你的孩子——迎接成长加速的1岁时光

积极地给予孩子回应

父母如果不曾细心观察孩子的成长,就不会发现1岁的孩子具有多么强大的能力。从一开始,孩子就具有表达自己的能力。新生儿并不会说话,但是他们却有自己的语言,那就是哭泣,不管是想要吃东西还是想要喝水,不管是撒尿还是拉臭臭,新生儿都会用哭声来吸引父母的注意。父母每天和新生儿朝夕相处,就会慢慢了解新生儿的哭声所代表的含义。

随着孩子不断地成长,孩子的语言越来越丰富,表达能力会持续地增强,他们表达的效果也会越来越好。他会发出咿咿呀呀的学语声,虽然还不能够表达准确清晰的意思,但是却是他们的一种心声。他们也渐渐学会了用肢体语言和面部表情来表情达意,来告诉父母自己产生的各种各样的需求。例如孩子感到委屈的时候会撇着嘴想哭;孩子感到高兴的时候会咧开嘴眉飞色舞地笑;孩子伸出小手触碰父母,表明他非常喜欢父母;孩子把身体紧紧地贴着父母,表明孩子在父母的怀抱里感受到安全,很想继续依偎在父母的怀抱中。父母如果足够细心,就可以通过孩子的这些表情动作来了解孩子真正的需求,并且给予孩子积极的回应。

大多数孩子都在一岁前后学会走路,有些孩子非常心急,

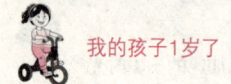 我的孩子1岁了

他们在十个月的时候就已经能够站立、扶着东西开始走路了。在这种情况下，他们就会扶着家里称手的东西走来走去。到了一岁半前后，孩子的行走能力已经非常强了，他们对于走路动作掌握得非常熟练，随着对于自己身体的掌控越来越强，他们的独立意识也不断增强。他们不再像小时候那样恨不得24小时都黏在爸爸妈妈身边，而是开始需要一些时间独处。说起独处，也许有些父母会觉得不以为然，才一岁多的孩子知道什么是独处吗？的确，如果问孩子独处的概念和含义，孩子的确不能够非常清晰地回答出来，但是孩子的行为却会告诉父母，他有的时候真的很想独自待着。在这种情况下，父母如果给予孩子不合时宜的关注，就会引起孩子厌烦。

在这个阶段，父母要留心孩子的表达方式，如果意识到孩子不想让父母陪伴在身边，那么父母最好留给孩子独立的时间和空间，让孩子适时独处；如果孩子给父母释放的信息是孩子很需要父母的陪伴，那么，父母最好以最快的速度出现在孩子的身边，给予孩子最温暖的陪伴。

有些父母把陪伴孩子当成一种负担，而实际上，父母多多陪伴孩子既是对孩子的一种付出，也是让自己了解孩子的最好途径。在陪伴孩子的过程中，父母会更加了解孩子的喜怒哀乐，也会加深与孩子的感情，与孩子建立亲密友好的关系。最重要的是在陪伴孩子的过程中，父母也能够不断地成长，收获更多。

第01章
请重新认识你的孩子——迎接成长加速的1岁时光

给予孩子积极的回应,不仅仅表现在多多陪伴孩子方面。当发现孩子有其他的需求时,父母也要给孩子回应。所谓的回应并不是完全满足孩子,如果孩子提出的要求是不合理的,父母拒绝孩子,也是对孩子的回应。在亲子相处中,父母一定不要对于孩子的举动视若无睹,不给孩子任何回应,这会让孩子觉得自己被父母忽视,也会容易让孩子感到紧张和焦虑。

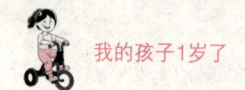

稍微大一点的孩子，为了吸引关注，往往会故意调皮捣蛋，甚至做出一些出格的举动，其实这是因为父母长期的忽视，孩子在无奈之下做出的举动。如果父母能够保持对孩子的关注，也能够给予孩子积极的回应，那么，孩子就不会用这样消极过激的方式来表达自己的需求。即使一岁的孩子，他们也需要得到父母的关注和关爱，所以父母切勿忽略孩子。密切地观察孩子的行为举止，及时回应孩子，这对于孩子而言才是最重要的。

第 01 章
请重新认识你的孩子——迎接成长加速的 1 岁时光

接纳孩子本来的样子

对于绝大多数父母而言，最大的挑战是什么？我认为，不是在养育孩子的过程中要非常辛苦地工作赚钱，给孩子买奶粉和尿布；也不是在孩子长大之后，花费大量的时间和精力以及财力和物力，为孩子报名参加各种各样的培训班、兴趣班和补习班，牺牲休息的时间，陪着孩子去上课；也不是在孩子犯错的时候感到非常紧张和焦虑，甚至还要为孩子承担一些责任。父母从得知孩子存在的那一天开始，就对孩子寄予了殷切的期望。但是在孩子不断成长的过程中，有些父母会发现孩子渐渐地走向平庸。也就是说，对父母而言，最大的挑战是他们发现孩子并不像他们想象中那么出类拔萃，而只是一个非常平凡的生命。

毋庸置疑，每个父母都希望孩子能够成龙成凤。有些父母对于孩子的期望甚至超出了对自己的期望，他们对自己的人生不满意，就在无形中把自己对人生的期望转嫁到孩子身上，希望孩子能够人生圆满。实际上，孩子虽然因为父母来到这个世界上，但是他们并不是父母的附属品，也不是父母的私有物。父母如果把孩子当成自己的私有物品，对孩子寄予各种不合理的期望，那么对孩子来说就是很不公平的。

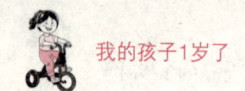

  明智的父母不应对孩子感到不满意，因为不管孩子以怎样的面目来到这个世界上，都是命运最好的安排，所以父母应该全盘接纳孩子。全盘接纳孩子的父母，会接受孩子本来的样子，而不会对孩子给予有条件的爱。有些父母爱孩子是非常功利的，他们希望孩子能够成为他们所期望的样子，希望孩子更加优秀，以杰出的表现给他们的脸上增光添彩。如果孩子达到了他们的预期，他们就会更爱孩子；如果孩子让他们失望，他们对孩子的爱就会大打折扣，这样的父母给予孩子的爱是自私的。真正无私的爱是接纳孩子原本的样子，不管孩子长什么样子，父母都觉得孩子非常可爱；不管孩子能否在学习上出类拔萃，父母都为孩子感到骄傲。这样的父母总能发掘孩子身上的闪光点，也发自内心地认可和赏识孩子。

  在电影《奇迹男孩》中，主角的父母做得非常好，所以才能创造奇迹。《奇迹男孩》的主角是一个长得非常怪异的男孩，他从出生之后就因为严重的先天畸形接受了很多次手术，他几乎没有离开过家，一直在家里生活。每当出门的时候，他就戴一个面具把自己的面部遮挡起来。然而，父母很少会把这个孩子当成一个与众不同的孩子对待，他们对孩子充满了爱，即使看到孩子的脸，他们也是发自内心地喜欢。这才是真正热爱和接纳孩子的表现。他们不像很多父母那样对孩子有过高的期望，也不会给孩子太大的压力，他们只希望孩子能够正常成长，能够健康快乐，终有一天能够敞开心扉去走入这个社会，

第01章
请重新认识你的孩子——迎接成长加速的1岁时光

拥有正常的生活。

虽然电影讲了奇迹男孩在成长过程中发生的各种普通而又平凡的事情,但是,因为父母对孩子全盘地、无条件地接纳,父母对孩子真正无私地爱着,让整个电影温情而又感人。很多普通的父母往往会自觉烦恼,在孩子没有出生的时候,父母们只希望孩子能够四肢健全,身体健康,而等到孩子出生之后,他们马上就得寸进尺,不仅希望孩子健康,而且会对孩子寄予更高的期望,希望孩子在各方面的表现都能够超过其他的孩子,也希望孩子将来进入学校之后,学习成绩出类拔萃,成为真正的人中龙凤;还希望孩子有朝一日走入社会之后能够做出伟大的成就,获得更好的成绩,为自己增光添彩。然而,孩子怎么可能完全符合父母的预期呢?尤其是在父母的预期超出孩子能力的情况下,反而会给孩子带来巨大的压力。

前些年,有一个孩子非常出名。他小学初中都接连跳级,才十几岁,就考入中国科技大学少年班,在学习上的确是出类拔萃的。他的爸爸也因为培养出优秀的孩子而非常骄傲。但是后来,这个孩子从学校里毕业后便开始抱怨父母没有为他提供更好的物质条件。作为一个十几岁的孩子,心智还不够成熟,在成人的社会里打拼是非常艰难的。渐渐地,他的心理就扭曲了,出现了各种心理问题。由此看来,这样加速孩子的成长是非常不理智的行为,也许孩子在智力方面会有超常的表现,在学习上并不觉得吃力,但是心智发育是需要经历每一个阶段才

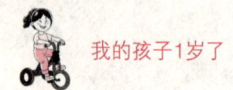 我的孩子1岁了

能达到成熟的,如果超越了这些阶段,孩子在社交中就会感到很吃力,很压抑,也会产生挫败感。

面对孩子的成长,有太多的父母都忍不住心急,有些父母看到有的孩子四个月就长牙了,就发愁自己家的孩子为何都五个月了还没有长牙;有的父母看到有的孩子六个月就开始说话了,就发愁自家孩子都一岁了,说话还不利索;有些父母看到有的孩子十个月就会走路了,就发愁自家的孩子都已经十四个月了,为何走路还跟跟跄跄的……实际上,每个孩子的成长过程都是不同的,所以父母不要对孩子的成长寄予过高的期望,而是要遵循孩子成长的规律,让孩子踩着自己成长的节奏,按部就班地成长。要相信只要孩子在能力方面没有欠缺,是均衡发展的,那么终有一天该会的他都会,他会长出满口雪白坚固的牙齿,很响亮地说话,快速地奔跑。

第 02 章

了解 1 岁孩子的特质——关注孩子的身心发育

很多父母都对孩子抱有很高的期望,尤其是在孩子一岁之后,因为孩子各方面的能力都在持续地增强,尤其是孩子的理解能力、语言表达能力不断地增进,所以一部分家长就开始迫不及待地对孩子进行技能和思维的训练。这样过早地对孩子进行难度较大的训练,无异于揠苗助长,为何不让孩子度过这个快乐的懵懂时期呢?

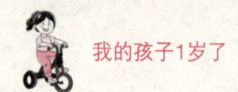
我的孩子1岁了

非常固执,热衷于肢体活动,开始喜欢钻洞

一岁半对于孩子而言是一个过渡期。在这个期间,孩子经常会表现得非常固执。一岁半的孩子有自己的想法,也很想按照自己的意愿去做一些事情,但是他们还不能够很好地运用语言来表达自己的所思所想,所以他们会运用面部表情和肢体动作来传情达意。有的时候,如果父母不愿意配合,不能满足他们的心愿,他们会表达出坚持要去做某件事情的意念。

一岁半的孩子还会表现出一定的占有欲。对于他们想要得到的东西,他们不允许别人将其拿走。看到这里,肯定有很多父母会感到疑惑,不是常说两岁的孩子渐渐地形成了物权归属的概念,所以会把很多的东西都据为己有,也会因为喜欢而去抢夺其他小朋友的东西吗?为何一岁半的孩子也会有这样的表现?的确,仅从表现上来看,一岁半的孩子和两岁的孩子有很多的相同之处,例如都喜欢抢东西,表现出一定的占有欲,但是从心理学的角度来进行分析就会发现,一岁半的孩子所拥有的占有欲与两岁半的孩子所拥有的占有欲是不同的。两岁半的孩子之所以想要占有某个东西,甚至与小朋友抢夺某个东西,是因为他们发自内心地想要拥有这个东西。有的时候,他们明知道这个东西不属于他们,也会因为喜欢而抢夺。和两岁半的

第02章
了解1岁孩子的特质——关注孩子的身心发育

孩子不同,一岁半的孩子则并没有如此细腻的思想,他们有一个放之四海而皆准的法则,那就是不管什么东西,只要他们看见了,就想要占有这个东西。在抢夺东西这方面,孩子表现得非常固执,他们往往有着不达目的誓不罢休的决心,非要把东西抢到手里再说。

父母会因为孩子这种"自私"的表现而感到高兴,哪怕孩子这样"蛮不讲道理",去抢其他人的东西,毕竟这意味着孩子又多掌握了一项能力,证明孩子在不断地长大。

对于一岁半的孩子来说,他们非常热衷于肢体活动。他们很爱运动,一天之中除了睡觉的时候,其他的时间手脚都不停地动来动去。他们也很愿意用肢体的活动来表情达意。和活跃发达的四肢运动能力相比,一岁半孩子的思考能力发展相对滞后。他们做事情并不会预先进行计划,而是随心所欲,随兴所至。有的时候,他们会慌慌张张地往前跑,直到碰到障碍物的时候才会去观察障碍物。这是一岁半的孩子在玩耍非常尽兴的时候往往会不小心碰上某个东西的原因。当然,父母无须为此感到担心,因为随着孩子们不断成长,他们会渐渐地改变。等他们稍微大一些之后,他们发现前面有某个障碍物,就会提前进行仔细地观察,进行逻辑思考,并且做出判断。在确定自己想要靠近那个障碍物的时候,他们才会继续往前跑去。

孩子在婴幼儿时期了解事物主要靠接触,特别要靠嘴巴,才能够加深对事物的了解。很多婴儿会把拿到手中的一切东西

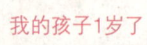

都塞入嘴巴里"品尝",这当然不是因为他们是"小吃货",而是与他们通过接触了解事物的方式密切相关。也正是因为受到这个发展特点的影响,所以一岁半的孩子在与其他小朋友相处的时候,往往喜欢用身体去接触其他小朋友,因为这样他们才会关注所接触到的小朋友。有些孩子为了表达对其他小朋友的喜爱,甚至会张大嘴巴咬其他小朋友,这样的行为虽然会给其他小朋友带来伤害,但是其实是他们认识对方表达友好的一种方式。

从用嘴巴咬到用身体触摸再到更复杂的肢体动作,渐渐地,父母会发现孩子开始热衷于钻洞了。孩子逐渐对那些小小的孔洞特别感兴趣。如果在家中,他们发现桌椅下面有空间,就会饶有兴致地钻到下面,甚至和自己玩起躲猫猫的游戏。有

第 02 章
了解 1 岁孩子的特质——关注孩子的身心发育

的时候，他们还会趁着父母不注意钻到衣柜里。如果父母非常用心地观察孩子，会发现孩子有一个特别有趣的举动，就是在面对一个相对比较小的孔洞时，孩子会用自己的身体去测试能否钻进去，有的时候他们也会用玩具去测。这让人情不自禁地联想起猫咪在抓老鼠的时候，会用胡须来测试老鼠洞的宽窄，从而判断自己能否钻进去。孩子们是多么可爱啊，看来在进化的过程中，在还没有得到充分成长之前，孩子们的身上还保留着很多动物性的可爱行为。

了解了孩子在这个阶段的身心发展特点，熟悉了孩子在这个阶段会做出的各种举动，父母就不会因此而感到担心，也就不会因此而抓狂。父母会更加耐心地观察孩子的行为表现，努力配合孩子，让孩子去探索自己，也探索这个世界。

在此基础上，父母也就不会因为孩子每天都在做那些看似毫无意义的举动而感到反感，因为这些举动是孩子了解自己的身体和行为、探索世界的必经途径。父母不应该从成人的角度来观察孩子，理解孩子，而是应该怀着赤子之心，站在孩子的角度上来考虑孩子为何这么做，这样对孩子才是更加负责的一种审视的角度，也才能够更理解和包容孩子。

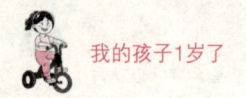 我的孩子1岁了

坚持到底或者毫无兴趣

一岁的孩子对于外部的环境非常敏感,他们很容易就会对一些事情产生兴趣。在兴趣的驱使下,他们可以坚持很长时间去做一件事情。需要注意的是,孩子的兴趣之所以产生,并没有明确的动机和理由,有的时候就是这样,没有任何原因地对一个东西或者对一个人感兴趣,所以孩子的兴趣是无法解释的。

当然,也有很多时候,父母希望孩子对某件事情或者某个人产生兴趣,但是孩子并不愿意配合他们,不管父母怎么游说他们或者吸引他们,他们对某个东西或者某个人就是一点兴趣都没有,这与他们此前对某个东西或者某个人特别感兴趣的表现是截然相反的。

很多父母都发现,孩子对于一件事情或者一个东西的兴趣是处于两个极端的。孩子如果喜欢一个人就不会再改变,会死心塌地地喜欢。反之,孩子如果不喜欢一个事物,那么不管父母怎样威逼利诱,他都很难改变主意。

樱桃一岁两个月了,她最近对妈妈的化妆台产生了浓厚的兴趣,每天只要回到家里,她就会跑到妈妈的化妆台旁边,认真研究妈妈各种各样的化妆品。有一次,她把妈妈的口红当

第02章
了解1岁孩子的特质——关注孩子的身心发育

成了颜料,在家具上乱涂乱画。为了防止樱桃再拿到这些化妆品,妈妈不得不把它们都藏起来,但是即使这样也不能够阻挡樱桃的热情,樱桃常常站在化妆台面前生气地吼叫,因为她不知道那些东西为什么突然消失了,她很想找到它们。

过了很长时间,樱桃才对妈妈的化妆品失去兴趣,转而把兴趣点转移到妈妈的手机上。每天妈妈只要下班回到家里,樱桃就会去玩妈妈的手机。一开始,妈妈觉得樱桃可能只是对手机鲜艳的色彩感兴趣,后来发现樱桃对手机的兴趣超出了她的预期,而且大有愈演愈烈之势,所以妈妈只能控制樱桃玩手机。每天下班,妈妈都把手机藏在包里最隐秘的角落,不让樱桃找到,但是樱桃总是坚持翻找妈妈的背包,不找到手机,她就绝不放弃。

妈妈意识到,也许樱桃到了兴趣爆发期,所以才会对很多东西都感兴趣。她突然想到,可以为樱桃买一些布书。布书色彩艳丽,放在嘴里撕咬也不会破碎,对于樱桃来说是很安全的。妈妈为樱桃买了好几套布书,但是让妈妈惊讶的是,樱桃对这些布书丝毫不感兴趣。妈妈拿着布书,兴致勃勃、绘声绘色地为樱桃讲故事,樱桃连看都不愿意看一眼,甚至就毫不迟疑地离开了。看到樱桃这样的表现,妈妈感到非常挫败。

妈妈想:"也许樱桃目前对布书不感兴趣,再过一段时间后,她可能就会感兴趣了!"所以妈妈把布书放在樱桃每天都能看到而且伸手就能拿到的地方,但是让妈妈失望的是,已经

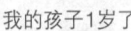

过去了半个月,樱桃还是不能主动地看这些布书,即便妈妈为她讲书上的故事,她也不愿意听,这是为什么呢?妈妈感到非常纳闷。

对于樱桃的行为,可以用上面的理论来解释,那就是孩子只对自己感兴趣的东西产生兴趣,而对自己不感兴趣的东西,哪怕这些东西就摆在面前,他们也丝毫不感兴趣。所以孩子的兴趣表现为两个极端,要么就是坚持到底,要么就是毫无兴趣。这就要求父母必须了解孩子的兴趣点,才能够更好地引导孩子成长和发展。

情绪起伏不定，不容易自我控制

一岁的孩子会产生各种各样的情绪，在情绪表达方面，他们已经具备了一定的能力表现自己的情绪，也开始出现发泄行为。但是一岁多的孩子情绪起起伏伏，表现非常不稳定，所以他们的行为举止也会出现大起大落，甚至出现走极端的情况。

和一岁之前在遇到伤心难过的事情时，只是撇撇嘴巴眼圈发红完全不同的是，一岁的孩子在遇到伤心难过的事情时，会哭闹很长时间，只是为了宣泄负面情绪。很多父母在看到孩子哭闹不休的时候都会非常抓狂，会认为孩子是故意这么做，实际上处于一岁这个年龄阶段，孩子很难成为情绪的主人，主宰和驾驭自己的情绪。在这种情况下，父母一定要保持理性，要能够多多理解和包容孩子。即使孩子胡乱发脾气，或者随随便便就生气，父母也不要对孩子怒吼，更不要对孩子施以负面的情绪，而是要理解孩子，帮助孩子舒缓情绪，发泄不良的情绪，这对于帮助孩子保持理性是非常有好处的。

当孩子处于情绪的巅峰状态时，父母最好不要与孩子硬碰硬。这是因为当父母情绪也失控的时候，会更加刺激孩子的情绪，使场面失去控制。父母应该能够主宰和驾驭自己的情绪，这样，在和孩子产生情绪对抗的时候，才能够控制好局面。

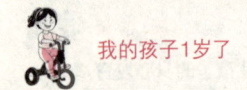

我的孩子1岁了

娜娜是一个性格温和、随和可爱的孩子。从小,她不管到哪里都特别招人喜欢。但是自从过了一岁之后,妈妈发现娜娜仿佛变了一个人,一岁半的娜娜常常沉默地坐在自己的房间里,看着一个地方发呆,有的时候她手里虽然拿着玩具,却并没有在玩,明显表现出心不在焉的样子。对于娜娜这样的表现,妈妈感到非常纳闷:娜娜才一岁半,会有什么心事呢?

有的时候妈妈会询问娜娜有什么不开心的事情,娜娜还不能够流畅地表达自己的心思,她会突然之间愁眉紧锁,不愿意回答妈妈的问题。妈妈非常想知道娜娜到底在想什么,但是又不知道应该以怎样的方式去了解。有一段时间,妈妈甚至担心娜娜是否受到了什么刺激。她向爷爷奶奶了解了娜娜生活的各种情况,得知娜娜一切表现正常,这才放下心来。

说起一岁的孩子性格会孤僻的表现,父母一定会感到非常惊讶,因为在父母的印象中,一岁的孩子总是叽里呱啦地说个不停,而且非常外向开朗,恨不得把自己所有的心里话都告诉别人。他们怎么会有性格孤僻的表现呢?其实,在对孩子形成以上刻板印象的同时,就意味着父母并不真正了解一岁的孩子。现实的情况是,一岁的孩子往往会表现出孤僻的性格特点,而且他们并不像父母所想象的那样乐于表达。在很多时候,他们是非常内向的,他们内向并不是因为性格使然,而是因为他们不想与外界进行交流,想全心全意地沉浸在自己的世界里。只有偶尔情绪比较高涨的时候,他们才会与父母沟通。只要把孩子的心门打开一条小小的缝隙，父母就会惊讶地发现，原本活泼开朗的孩子，突然之间变得非常忧愁郁闷，而且眉头紧锁。父母不明白，孩子明明在生活的各个方面都得到了很好的照顾，为什么就像一个被抛弃的孩子那样孤独和寂寞呢？这是由孩子在一岁的时候身心发展的特点所决定的。了解了一岁孩子偶尔会出现性格孤僻、非常内向的表现，父母在看到孩子的反常表现时就不会感到非常惊讶，更不会觉得难以接受。

无法承受困难与挫折，喜欢尖叫哭闹

随着不停地对外部世界展开探索，一岁的孩子常常会遇到困难和挫折。虽然父母希望孩子的内心非常强大，在遇到难题的时候能迎难而上，但现实却是，一岁的孩子根本不能控制自己的情绪，而且在处理问题的方式上也非常极端。他们还不能冷静地想办法解决问题，而是会马上向父母求助。如果父母不能帮助他们解决问题，他们就会哭闹不休。

一岁孩子的思维方式是非常简单的，他们不会进行深入的思考，逻辑思维的能力也相对比较弱，解决问题的方式简单粗暴。举例说，如果他们不小心摔倒，头碰到椅子上，那么他们可能会狠狠地把椅子踢翻，因为他们觉得是椅子伤害了他们。显而易见，这样的思维方式使得他们很难真正地解决问题。

周末妈妈在家里休息，想要好好地陪伴娜娜，但是娜娜却不愿意和妈妈待在一起。她一直待在自己的房间里玩玩具。妈妈正在客厅里做家务，突然听到了娜娜发出的尖叫声。妈妈以为娜娜发生了什么危险，当即把吸尘器扔在地上，以最快的速度冲到娜娜的房间里。当妈妈进入娜娜房间，看到娜娜正抱着头在床上打滚。妈妈以为娜娜有某个地方感到疼痛，赶紧把娜娜抱起来，询问她觉得哪里不舒服。没想到手里拿着穿珠玩具的娜娜对妈妈说:"穿!"原来,娜娜是因为尝试了好几次都不能把线穿入珠子中间的孔洞里,所以才情绪崩溃大叫起来。

看着娜娜崩溃的样子,妈妈感到非常无奈。她对娜娜说:"小宝贝儿,你这么喊叫会把妈妈吓死的,珠子穿不上可以找爸爸妈妈帮忙呀,为什么一定要大喊大叫呢?你这样喊叫,我们不知道你发生了什么事情,会感到很紧张,以后不要大声喊叫了,好不好?"娜娜似乎听懂了妈妈的话,瞪着大眼睛看着妈妈。后来妈妈帮娜娜把珠子穿好了,娜娜这才高兴起来,去玩其他玩具了。

经过这件事情以后,妈妈仔细观察,发现娜娜在遭遇挫折的时候很容易喊叫起来。例如娜娜想把自己的玩具收拾好,但是她努力了很多次,都不能把玩具放到想放的地方,就会情绪崩溃;再如,娜娜想自己独立吃饭,她想吃面条,但是她却不是很会用筷子,所以在吃面条的时候不能随心所欲,她也会生气尖叫。渐渐地,妈妈习惯了娜娜的尖叫或者哭闹,当娜娜再尖叫的时候,妈妈就不会那么紧张了。

一岁的孩子是很喜欢尖叫或者哭闹的,这是因为他们还没有掌握其他的方法来表达自己的情绪,也不知道如何能解决自己所面对的难题,所以他们就以尖叫或者哭闹的方式来发泄自己的负面情绪。刚开始的时候,父母听到孩子无缘无故地尖叫或者哭闹,一定会感到非常紧张,但是随着孩子尖叫和哭闹的次数越来越多,父母也就渐渐地习以为常,就不会对此过于紧

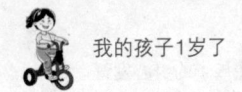

张了。

也有些父母会担心孩子是否会一直这样,只要遇到困难就会放弃,就会采取沮丧的方式去表达抗议。其实父母不必过度担心,因为在度过了一岁之后,孩子不断成长,能力得到增强,而且他们也会懂得更多的道理,所以在面对难题的时候,他们很有可能会改变尖叫哭闹的方式,而做出一些积极的举动来推动事情向前发展。在这样的情况下,父母可以给予孩子一些帮助,督促孩子有更好的表现,从而帮助孩子树立信心,教会孩子如何战胜和面对困难。

要特别防范好奇心引发的危险

在一岁孩子的眼中,这个世界新鲜有趣,不管什么事情,都能够吸引他们的注意,这是因为他们来到这个世界的时间还不长,对很多东西都感到非常陌生。在一岁之前,孩子主要在家庭中生活,而且不能够独立地行走,所以他们活动的半径受到限制。而在一岁左右,孩子们学会了走路,他们就可以去到自己想去的地方,接触到更多的人和事。等到一岁半左右,孩子们的行动能力得到了增强,他们行动的半径更大。在这样的情况下,父母们往往会发出感慨,觉得孩子没有小时候好管好带了。而且一岁的孩子缺乏人生经验,对身边的人和事,不能够进行准确的判断,不能区分好坏,也意识不到危险。因而孩子表现出很典型的"初生牛犊不怕虎"的特点。正是因为如此,父母在照顾孩子的时候要更加小心,给予孩子更细致的关照。

人们常说"好奇害死猫"。对于一岁半的孩子来说,他们对各种新鲜事物产生了强烈的好奇,往往会把自己置身于危险的境地中。例如,父母带着孩子在马路边在散步,当孩子突然看到一辆造型奇特的汽车时,他很有可能就会冲到马路中间去,想要摸一摸这个汽车。如果父母不能够及时预判出孩子的行为动向,及时制止孩子冲往马路,那么后果可想而知。再举一个例子，很多孩子都对厨房特别感兴趣，然而厨房对于孩子而言是一个非常危险的地方。这是因为厨房里不仅有水有电，有各种易碎的玻璃器皿、锋利的刀具，而且还有燃气、明火。孩子并不知道这些东西会给他们带来什么样的危险，他们也许会因为好奇伸手去触摸这些危险的东西，受到伤害，甚至会引发重大的事故。所以父母一定要把厨房列为孩子行动的禁区，在孩子知道什么是危险之前，管控好厨房，保证孩子的安全。要想照顾好一岁半左右的孩子，父母一定要时刻保持警惕，并且要认识到生活中各种各样的危险，能够做到防患于未然。

除了厨房之外，卫生间对孩子来说也是比较危险的，因为有的孩子特别喜欢玩水。用澡盆洗澡的时候，如果父母关注不到位，孩子有可能会出现溺水的危险，也有可能在湿滑的卫生间里摔倒。所以孩子在卫生间的时候，父母必须在一旁监护。很多孩子之所以发生意外，就是因为父母没有预见到可能发生的危险，也就没有采取有效的措施防范危险，没能尽到保护孩子的责任。

这些年来，儿童安全事故时有发生。有些家长会把睡着的孩子锁在家里，然后去买菜或者倒垃圾，结果就在他们以为不会发生危险的短暂时间里，孩子却翻出窗外发生了危险，失去了宝贵的生命。也有的家庭，父母在对家里的家具进行布置的时候，没有考虑到孩子的安全问题，造成孩子受到伤害，有的甚至失去了生命。这样的悲剧发生真的让人感到非常惋惜，也让人感到无法承受。如果父母能够更多一些安全意识，让安全的警钟长鸣，那么就可以有效避免很多危险的发生。毕竟生命只有一次，是非常宝贵的，而孩子还没有照顾自己和保护自己的能力，那么父母就要肩负起这样的重任，给予孩子更全面的照顾，避免孩子发生危险。这是父母应该做的事情，也是父母必须要做好的事情。

当然，并不是说因为生活中存在危险就要限制孩子的行动，把孩子禁锢在某个地方。实际上，要想避开危险，可以满足孩子的好奇，带着孩子去感受和体验一切。例如，孩子不知道热水会把他烫伤，那么在必要的时候，父母可以在保障安全的前提下，让孩子试着摸一下热水。孩子在真正感受到热水的

温度之后，下一次就会主动避开热水，这可能比父母一次又一次地叮嘱孩子不要触碰热水来得更有效果。当然，即便如此，父母依然要把热水放到孩子触碰不到的地方，这样才能够起到双保险的作用。

孩子在成长过程中会接触更多的事物，也会在不断进行尝试的过程中积累人生经验。如果父母总是把孩子严密保护起来，那么孩子对很多事情就永远也不会了解。孩子的好奇心非常强烈，所以如果采取错误的方式对待孩子，压制孩子好奇心，那么反而使孩子更加好奇。正确的做法是采取疏通的方式，带着孩子一起去感受和尝试，让孩子知道事情的原理和会引起的后果，也能够更好地做好安全措施保护自己。当然，这个方法要根据孩子能力的发展来采用，而不是对于所有的孩子都适用的。

逆反心理初露端倪

在一岁之前，孩子处于婴儿时期，他们不具备语言表达的能力，所以不能运用语言来表达自己的心思。又因为孩子缺乏行动的能力，所以他们需要依靠父母的照顾。在此过程中，孩子也就养成了按照父母的意愿行事的习惯。渐渐地，孩子认为听从父母的话是理所当然的，父母也会认为孩子就该听父母的话。由此一来，父母在与孩子相处时就不知不觉居高临下，对孩子发号施令。

如果父母觉得孩子始终停留在婴儿时期，觉得孩子就理应对父母言听计从，那么等到孩子渐渐地长大，到了一岁半左右，叛逆心理开始明显呈现出来的时候，父母就会非常不适应，这是因为父母没有跟随孩子一起成长。面对孩子自我意识的萌芽，对于孩子说出的一个又一个的"不"，父母觉得难以接受。父母发现孩子没有小时候好管教了，而且亲子相处也出现了各种各样的状况。很多父母都因此而苦恼或者情绪暴躁，其实完全没有必要。从孩子的角度来说，他之所以出现这些变化，正是因为他在不断成长。作为父母，应该为孩子的成长感到高兴和欣慰。在必要的情况下，父母要为孩子的成长提供助力，这对于帮助孩子快乐成长是很有好处的，也是非常有

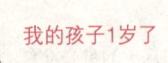

意义的。

一岁多的孩子就像一个可爱的洋娃娃,让父母怎么也爱不够。很多父母越看自家的孩子越喜欢,总是情不自禁地想要与孩子亲近。对父母而言,这种难得的亲子时光是纯粹快乐的,是非常珍贵的礼物。虽然有的时候孩子会因为无法控制自己的情绪,与父母发生冲突,但是总体来说,孩子是在一天天地成长,他各个方面的表现都越来越好。他从不知道如何与父母沟通,到与父母进行简单的交流,这让父母感到非常欣慰。有些孩子很乐意为父母做一些事情,比如在父母做家务的时候,孩子会主动帮助父母分担,帮父母倒垃圾,为父母洗菜剥蒜。对于父母而言,虽然孩子做这些事情都很生疏,但是看到孩子能

够主动为父母分担，他们觉得非常欣慰，也会更加疼爱孩子。

在与一岁孩子相处的过程中，父母会发现孩子处于情感上的不稳定时期，有的时候孩子的情绪淡定平和，非常愉快，有的时候孩子会烦躁焦虑，也因此会出现各种各样的亲子相处的问题。心理学家通过对一岁左右的孩子进行研究，发现孩子在十一个月大的时候会出现情绪不稳定的情况，而等到一岁的时候，他们的情绪会渐渐地趋于稳定。所以在孩子一岁前后，父母与孩子之间的关系会相对友善，相处也会比较快乐。

然而在三个月之后，从一岁三个月到一岁九个月的这半年时间，孩子的情绪又会相对不稳定，这是为什么呢？因为在这段时间里，孩子会有更多的需要，但是他们并不能够从父母那里完全得到满足，因此他们会焦虑。有的时候孩子长期得不到满足，还会感到压抑和郁闷，就会无缘无故地发脾气。父母之所以觉得孩子的脾气来得莫名其妙，就是因为不知道孩子有什么样的需求，也不知道孩子经历了负面情绪积累的过程。如果父母能够更多地了解孩子，知道孩子的心里有怎样的变化，并及时地帮助孩子消除负面情绪，那么亲子关系一定会更加和谐。在经历了这个阶段之后，到了两岁前后，孩子情绪又会相对平稳，这是因为他们已经学会了与父母相处，也学会了面对自己的各种需求。

细心的父母会发现，在这个过程中，孩子已经出现逆反心理的萌芽。一岁多的孩子逆反心理已经初露端倪，这为孩子在

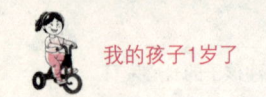

两岁左右自我意识萌芽，出现更独立的行为表现奠定了基础。

父母了解了孩子身心发展的规律，那么在孩子的叛逆心理初露端倪的时候，在面对孩子的情绪不稳定的时候，就可以采取更为正确的策略。陪伴孩子成长，对于父母而言也是一个挑战，新手父母并没有教养孩子的经验，在这种情况下，父母要怀着开放的态度坚持学习，陪伴孩子成长，这样才能够与孩子更好地在一起。

第03章
1岁孩子的行为能力——带来惊喜的大幅度进步时期

一岁孩子的行为能力会给父母带来很大的惊喜。孩子到了一岁仿佛跨越了一个分水岭：原本很多不能做的事情，过了一岁之后，孩子在很短的时间内就能够掌握；原本对孩子来说是巨大挑战的事情，过了一岁之后，孩子轻而易举地就能够做到。这样大幅度的进步，会给父母带来惊喜，让父母发现孩子的巨大潜能。

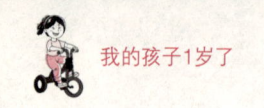

学习走路

　　每个孩子学习走路的时间都是不同的，有的孩子比较性急，十个月左右就开始扶着东西走路，有的孩子走路相对晚一些。如果孩子在一岁前后正值隆冬，穿的衣服比较厚重，那么学习走路也会相对慢一些。有的父母总是特别心急，当看到别人家一岁的孩子都已经会走路了，而自己家的孩子却还不会走路，父母恨不得让孩子一夜之间就学会走路。其实，父母要接受每个孩子都是不同的生命个体，他们在各方面能力发展上都会存在差异，不要强求孩子在各个方面都比别人家的孩子超前，或者不落后于别人家的孩子。要尊重孩子身心发展的特点，让孩子按照自身的成长节奏去进步。对于一岁孩子学习走路这个问题，父母也要佛系一些，孩子早一个月走路或者晚一个月走路又有什么关系呢？反正孩子肯定会学会走路，不如让孩子有更多的时间来酝酿，说不定孩子会"不鸣则已，一鸣惊人"，在一个特别的时间就突然学会走路。

　　对于走路这件事情，孩子自己也会非常着急。尤其是在到了十个月之后，孩子看到父母可以自由地行走，他也迫不及待地想要迈开双脚自由地行动。所以十个月大的孩子往往会有意识地扶着东西进行站立，练习自己的腿部力量。如果能扶到非常称手的东西，孩子还会尝试着迈开脚步往前走。在这个阶段里，孩子行走的愿望是非常强烈的，如果孩子的骨骼发育非常好，那么父母可以扶着孩子，让孩子去拿一些东西，让孩子从这个地方走到那个地方，从而激发孩子对走路的兴趣。

在十个月到一岁之间，极少数的孩子能够跟跟跄跄地独立行走，但是他们行走的距离是非常短的，可能只有一两步或者两三步的距离。虽然这个距离很短，但是对于孩子而言，能够独立地迈出一步都具有非常重要的意义，他们会因为自己能够独立迈步而获得成就感，这一点上，即使他们不能够准确地表达出来，父母只要看看孩子脸上洋溢着的满足的笑容，就可以知道孩子的感受。当然，作为父母，看到孩子能够独立地迈出人生中的第一步，一定会比孩子更加激动，这是因为父母最大的愿望就是盼着孩子能够成长。当亲眼见证孩子不断地成长，不断取得进步，父母一定会满心欢喜。

乐乐再有三天就要过一周岁生日了，但是他还不会走路呢！奶奶特别着急，经常对乐乐说："你这个大懒虫怎么还不会走路呢？你爸爸小时候十个月就会走路了，可比你走得早多了！"乐乐听不懂奶奶的话，只是瞪着大眼睛看着奶奶的嘴巴动，其实他自己也很着急，因为他也想学会走路，也想在房间里自由地活动。

对于一岁的孩子来说，学习走路是一个重要的任务，如果孩子不会走路，那么就需要父母抱着他们到自己想去的地方。

041

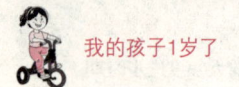

如果孩子能够学会行走，那么他们探索的范围就会更大，也能够接触到更多新鲜有趣的事物。这对于开发孩子的智力，加快孩子的成长，具有重要的意义。

在日常生活中，父母可以在家里准备一些帮助孩子学习走路的东西，例如学步带，或者是可以推着学习走路的步行车等，这对于帮助孩子练习走路，增强孩子的腿部力量都是非常有好处的。对于孩子而言，从爬行到直立行走要以能够独立走路为标准，我们的祖先在直立行走之后就发生了本质的变化，孩子能够独立地行走也意味着他们有了一个非常重要的改变。当孩子能够独立地行走之后，父母可以为孩子举办一个小小的仪式，让孩子知道他可以走路是一件多么值得高兴的事情。孩子虽然不能够准确地表达自己的心情，但是他们一定会感受到父母的欣喜和赞许，他们也会更加积极地学习走路，更加主动地坚持行走。

双手灵巧

在一岁之前,孩子的手部动作相对笨拙,不能做出一些精细动作,但是在一岁之后,孩子手部的灵巧度有了大幅度的提高,他们可以用大拇指和食指把一些细小的东西给夹起来,对于那些特别细小的东西,他们也能够做到准确抓握。

也许是因为突然发现自己的手部居然能够做出如此精细的动作,对于自己所拥有的能力感到惊喜,所以一岁的孩子有一个特别的爱好,那就是他喜欢用自己的手抓起一个东西放下来,再抓起一个东西再放下来。在重复的过程中,他们会觉得非常有趣。如果孩子处于比较高的地方,他还会把手中拿着的东西使劲扔到地上,然后等到父母把这个东西捡回来给他的时候,他又乐此不疲地再把东西扔到地上,就这样玩着扔掉捡起来,再扔掉捡起来的游戏,孩子可以玩很长时间,而且会表现得非常满足和兴奋。

中午吃饭的时候,妈妈有一个特别惊喜的发现。妈妈做了八宝米饭,在米饭里放了一些豆子,妈妈发现佳佳在吃饭的时候,不像以前那样用手握着拳头抓起食物,用手掌把食物塞到嘴巴里,而是伸出了食指和大拇指,用这两个手指捏起了一个黑色的豆子放到嘴巴里。看到佳佳这样的表现,妈妈忍不住眉

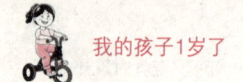

开眼笑,这意味着佳佳可以更灵巧地使用他的双手了。

晚上吃饭的时候,为了让佳佳向爸爸展示他的新能力,妈妈又特意准备了八宝米饭。果然,佳佳又用两个手指从八宝米饭里捏起了一粒葡萄干,塞到嘴巴里吧唧吧唧地吃了起来。爸爸太高兴了,忍不住对佳佳竖起了大拇指。从此之后,佳佳再也不会用手掌把食物塞到嘴巴里了,他已经学会了使用手指来给自己喂食物。

1 岁孩子的行为能力——带来惊喜的大幅度进步时期

除了发现佳佳很喜欢用手指给自己喂食物之外,妈妈还发现佳佳变得特别爱扔东西。他不管把什么东西拿到手里,都要第一时间把这个东西扔出去。因为这个举动,妈妈不敢把那些易碎的东西放在佳佳的手边,而是把所有的玻璃制品、陶瓷制品都收了起来,还特意为佳佳买了不锈钢的饭碗。这样一来,就算佳佳把饭碗扔到地上,饭碗也不会被摔碎了。一开始,妈妈以为佳佳扔东西可能是觉得有趣,后来发现佳佳拿起任何东西都往地上扔,而且会很认真地听东西掉落地上的声音,这才知道佳佳是在通过这种方式认识不同的物体,于是妈妈为佳佳准备了不同质地的物体,让佳佳专门玩抛掷的游戏。

父母往往不能够理解,为何如此简单的游戏能够给孩子带来这么大的快乐呢?其实这是由孩子的身心发展决定的。孩子刚刚发现自己的双手具有如此神奇的能力,他们会感到非常惊喜,此外,在把东西扔到地上的过程中,孩子也可以根据东西掉落到地上发出的声音,来区分不同的东西,这对孩子而言也是一种成长和进步,更是人生经验的积累。

虽然一岁的孩子还不会真正玩积木,但是如果父母当着他们的面把一块积木放在另一个积木上面,他们就会进行简单的模仿。一岁的孩子已经具有了模仿的能力,而且他们非常聪明,在认真观察父母的动作后,他们就可以支配自己的双手。在这个阶段里,有一个问题是让父母比较头疼的,那就是孩子吃饭的时候热衷于用手去抓食物。对孩子来说,用手抓食物的

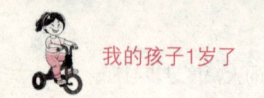

过程非常有趣,他们不仅可以用手感受食物的质地和温度,而且也可以让手得到更多的刺激,这对于他们手部的动作更加灵巧是大有裨益的。

当然,一岁的孩子还不会使用汤勺吃饭,但是父母仍要为孩子准备汤勺,他可以把手紧紧地攥住汤勺的柄,并且把汤勺在桌子上来回移动,或者拿着汤勺使劲敲打自己的餐具。有的时候,他也会模仿大人的样子,把汤勺放到碗或者是盘子里去,试图舀起一些食物。不过孩子手部的能力还没有发展到这样的程度,所以孩子很难用汤勺舀起食物,但是没关系,他们既然已经有了这样的意识,就会坚持不断地练习,最终一定会灵活地使用汤勺。

乐于表现，喜欢被夸奖

周末的时候，爷爷奶奶来家里看望宁宁。妈妈让宁宁向爷爷奶奶展示她新学会的技能，就是用拇指和食指捏起那些细小的东西。宁宁变得非常兴奋，伸出食指，配合拇指，从桌子上捏起一个小小的黄豆。爷爷奶奶忍不住为宁宁喝彩，宁宁看到爷爷奶奶喜悦的表情，就更加卖力地表现。

后来，宁宁还主动把东西扔到地上让爷爷奶奶听不同的声音。看到宁宁这么能干，爷爷奶奶更是对宁宁竖起了大拇指。宁宁看到爷爷奶奶脸上的笑容感到非常满足，他不停地重复扔东西的动作，还拿出不同的东西扔在地上，这说明宁宁非常渴望得到夸奖。爷爷奶奶满足了宁宁的愿望，一天的时间里夸奖了宁宁若干次，结果宁宁的表现特别好，超出了以往每一天的表现。妈妈忍不住说："这个孩子真是爱表现，这么小就希望得到夸奖，看来长大以后也是一个很好强的孩子！"

其实宁宁渴望得到夸奖，喜欢在爷爷奶奶的面前表现，并不意味着他非常好强，而是因为一岁多的孩子已经具有了一定的表现欲，尤其是在人多的场合里，他希望自己能够吸引他人的目光，希望所有人都能够关注到他。当他发现自己做出某个特定的动作就能够得到大家的表扬和赞赏的时候，他就会不断

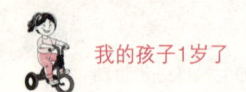

重复这个动作，渴望再次得到夸奖或者表扬。

一岁的孩子学习的欲望很强。为了帮助一岁的孩子更好地学习，激发孩子学习的兴趣，让孩子充满学习动力，父母不妨对孩子慷慨一些，在孩子有进步的时候，把孩子的进步看在眼里，及时给予孩子表扬和赞美。这样一来，孩子得到激励，就会更愿意努力学习。

有些父母觉得一岁的孩子什么都不懂，所以在和孩子沟通

的时候，往往不会注重表扬和赞美孩子。实际上这样的想法是错误的，孩子是非常喜欢被称赞的，他们虽然不能够完全听懂父母的话，但是通过父母的面部表情和肢体动作，他们可以感受到父母的情绪。一岁的孩子已经具有了察言观色的能力，他们会在观察父母的过程中知道父母对他们的态度。那么父母当然要满足孩子的心理需求，让孩子有机会表现，也让他们得到想要的夸奖。

对于表现欲比较强的孩子，父母还要给予更多的机会让孩子去展示。有些父母本身是比较低调内敛的，他们不希望孩子特别乐于展示，尤其是在家里有客人的情况下，他们不希望孩子当着客人的面故意表现。实际上，一岁的孩子并没有虚荣心，也不知道竞争，他们之所以想在客人面前表现，心思是非常单纯的，那就是他们学会了一项新技能，希望更多的人看到。所以父母不要把孩子表现的欲望看得那么复杂，而是要知道孩子的表现是出于真心的，要给孩子创造机会表现，使孩子得到更多的赞美和表扬，也使孩子更乐于学习。

蹒跚学步，摔倒了也不怕

一岁前后正是孩子蹒跚学步的好时期，有些孩子走路相对早一些，在一岁之前就学会走路了；有些孩子走路稍微晚一些，也许需要到了一岁几个月才会走路。不过在一岁的时候，孩子的身体平衡能力还相对比较差，所以走起路来总是跟跟跄跄的，不太稳当，经常会摔倒在地上。

虽然每个一岁孩子学习走路时都必然要经历摔倒和爬起来的过程，但是他们对于摔倒这件事情的态度却是不同的。细心的父母会发现，有些孩子在摔倒了之后并不以为然，他们几乎马上就会爬起来继续往前走。也有一些孩子在摔倒了之后，就会趴在地上嚎啕大哭。孩子摔倒在地上，因为他们的身高比较矮，体重比较轻，所以只要周围没有危险的物品，他们通常是不会受到伤害的。那么，为什么有些孩子在摔倒之后，却只趴在地上哭，而不愿意爬起来继续走呢？

这其实与父母对待孩子的方式密切相关。很多父母一看到孩子摔倒了，就会非常紧张，赶紧大呼小叫地过去把孩子扶起来，还会检查孩子是否有某个地方受伤了。父母这样紧张的情绪是会传递给孩子的，让孩子也非常焦虑。如果父母能够对孩子摔倒这件事情淡然处之，在孩子摔倒之后，鼓励孩子勇敢地爬起来，继续往前走。那么渐渐地，孩子就会知道摔倒之后正确的做法。

还有一些父母非常娇纵和宠溺孩子。孩子走路的速度很慢，而且会因为行走不稳经常摔倒，所以在学习走路的热情消散之后，一岁多的孩子很喜欢让父母抱着去他们想去的地方，这是一种更省力也更快速的方式。每当看到孩子张开的小手，眼睛里满含着请求，很多父母都不能狠下心拒绝孩子。虽然一岁多的孩子已经比较重了，长时间地抱着孩子会非常辛苦，但是父母常常因为心疼孩子而心甘情愿地抱着孩子去各个地方。如果父母总是抱着孩子，那么孩子就会越来越不愿意走路，毕竟被抱着去每一个地方的感觉是很惬意的。

当发现孩子走路的速度比较慢，或者是不愿意走路的时候，父母先不要抱怨和指责孩子，而是先要反思自己对待孩子的方式是否正确。在进入一岁之后，孩子的肢体运动能力得到了明显的提高，他们会做很多动作，其中行走能力是所有动作的基础，孩子要想去到不同的地方，就需要自己走过去。当孩子走路越来越稳，而且可以随心所欲去各种地方的时候，他们活动的半径就会随之扩大，他们的生活也会更加精彩。

丹丹刚刚一岁就已经能够跌跌跄跄地走路了，她对走路有着非常高的热情，如果去户外玩耍，她都不愿意让爸爸妈妈抱她，而会自己跌跌撞撞地往前走。看到丹丹这么愿意走路，爸爸妈妈虽然心疼丹丹，但是也感到很欣慰，因为他们知道，孩子只有多多练习，才能走得越来越稳当。

有一天，丹丹在家里走路的时候，看到妈妈下班回家拿回来一个美味的蛋糕，她马上就趴在地上快速地往前爬过去。看到丹丹这样的举动，妈妈把蛋糕举得高高的，问丹丹："丹丹，你为什么不走过来，而要爬过来呢？"丹丹瞪大眼睛无辜地看着妈妈，迫不及待地想要吃蛋糕，甚至连口水都流出来了。看着丹丹眼馋的样子，妈妈只好先把蛋糕打开给丹丹吃，等到丹丹吃完蛋糕之后，妈妈和爸爸说起丹丹爬行的事情，爸爸说："其实，我也发现好几次丹丹在特别着急的时候就会爬，可能是因为她对爬的动作更加娴熟，对走的动作比较生疏吧！也许等她走得越来越熟练，就不会有这样的情况发生了。"

果然，又过了一个多月，爸爸妈妈发现丹丹不管多么着急，都不会在地上爬了，她还学会了跑。和走路相比，跑的速度显然更快，这样丹丹就更可以随心所欲地去她想去的地方了。

一岁的孩子学习走路摔倒是常见的事情，所以，父母在看到孩子摔倒的时候，也不要感到惊讶，只有让孩子在摔倒之后自己爬起来继续往前走，孩子才知道如何对待摔倒这件事情。此外，当孩子在特别紧张或者着急的情况下，他们也许会用自己更擅长的爬行来代替走路，父母无须感到疑惑。随着不断地成长，孩子对走路的动作练习得越来越好，他们就会快速地行走，甚至学会奔跑。

每个父母都非常疼爱自己的孩子，但是爱孩子是要有限度的，也是要讲究方式方法的。如果父母爱孩子，就无限度地对孩子溺爱，或者是不讲究方式方法，把自己认为好的都一股脑地塞给孩子，那么很有可能会害了孩子。父母要在了解孩子身心发展规律的基础上，给予孩子适度的爱，这样的爱能够促进孩子成长，也有助于不断提升孩子各方面的能力。只有这样，孩子才会保持进步，快乐成长。

在挫折中学会做很多动作

相比起刚刚进入一岁的时候，一岁半的孩子在身体动作方面已经有了很大的进步。虽然他们的动作还不够熟练，但是他们已经可以做出很多的动作。举个简单的例子，一岁的孩子走路还是跟跟跄跄的，很容易摔倒，而一岁半的孩子就可以做到独立行走。有的时候，他们因为心急，还会在行走的基础上加快速度，尝试着小跑。不过一岁半的孩子稳定性依然不够，身体的平衡能力相对较差，所以还是很容易摔倒的。前文说过，当孩子摔倒的时候，父母要给予孩子鼓励，让孩子能够主动地站起来继续往前走，而不要大呼小叫着去扶起孩子，生怕孩子受到伤害，这样只会把紧张的情绪传递给孩子，让孩子对走路心生抵触。

孩子自己会想办法来克服困难，对于身体平衡性比较差这个问题，孩子会本能地把双脚分开，举起两只小手，这样一来，他们就能够更容易地保持平衡；有些孩子也会做出非常可爱的动作，他们把双手撑起来，伸到身体的两边，就像一只可爱的企鹅，在保持身体平衡的情况下，尝试着往前走。不过一岁多的孩子显然是非常心急的，当他们迈出了第一步开始行走的时候，就会表现得非常急迫，他们会把头向前伸着，会把嘴巴张开，还会把肚子挺起来，就这样双脚叉开，着急地四处乱撞。所以一岁的孩子很容易碰到东西上，父母应该为孩子提供一个安全的行走环境，把家里那些有锋利棱角的家具用防撞条包裹起来，这样孩子在走路的时候就不容易受到伤害。

和走直线的时候急不可耐地往前冲相比，转弯对于孩子是有一些困难的，他还不能够进行急转弯，而是会转很大的弯。孩子要想转弯，就要早早地开始做准备。不过除了转弯还不够灵活之外，孩子已经能够去自己想去的地方了。这对于孩子而言，意味着他们生活的半径扩大，也意味着他们全新的童年生活拉开了序幕。

和孩子走路的时候、跟跟跄跄就像企鹅一样可爱的姿势相比，孩子跑步的姿势，如果非用一个东西来比喻，就像是无头的苍蝇。虽然这个比喻听起来很不好听，但是却是非常形象的。如果父母认真地观察，就会发现孩子跑的时候，眼睛会直勾勾地盯着前面的地面，而且每跑一步，似乎都用尽了全身的力气。因为孩子的平衡力还不好，所以他们在跑的时候就更难保持身体的平衡，更容易摔倒。

除了走路和跑步，一岁多的孩子也已经自己想出了办法上到一个更高的地方。如果孩子想爬到椅子上，他就会趴在椅子上，先把一条腿放上来，然后把自己的身体往上收缩，用一条腿蹬着地面，这样双管齐下地用力，让自己成功地爬到椅子上。当然，如果椅子或者沙发的高度比较高，孩子想仅仅依靠

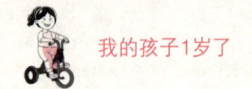

自己的力量爬上去，是比较困难的。正是在这样遭受挫折的过程中，孩子不断地坚持锻炼，各方面的能力都在持续增强。作为父母，应该多多鼓励孩子，让孩子勇敢地战胜挫折，而不要在孩子受到挫折的时候就让他们放弃，更不要在孩子受到挫折的时候批评或者否定他们。虽然一岁的孩子还不能完全听懂父母的话，但是他们会感受到父母的态度，这对于孩子行动的积极性而言，是一个比较严重的打击。

需要注意的是，一岁的孩子做事情是兴之所至的，尤其是走路，他们并没有一个预先设定的目标，不会思考自己想去哪里，只是朝着目标前进，这就是采取典型的幼儿思考的方式——用脚思考，走到哪里就是哪里，走到哪里都能随遇而安，找到自己喜欢玩儿的东西。和一岁多的孩子相比，等到大一些，两三岁的孩子就会有很明确的目的性，他们在行走的时候会预先设定一个目标。

前文说过，在一岁半之前，孩子的智力发展水平和猩猩是差不多的，他们很少会用大脑独立进行思考。他们往往会先做出一些动作，然后再去思考自己想做什么。他们有着非常旺盛的精力，在一整天的时间里，除了睡觉的时候，他们就如同拧紧了发条的闹钟，一直在滴滴答答地走个不停。对于父母而言，照顾一岁多的孩子甚至比照顾几个月的婴儿更加疲惫，这是因为照顾几个月的婴儿只需要满足婴儿吃喝拉撒等生理需求，而照顾一岁多的孩子还要兼顾孩子的安全，保护好孩子，因此父母精神上就会非常紧张。

　　没有一个孩子的成长会一帆风顺，不遭遇任何挫折，对于一岁多的孩子而言，虽然他们正处于学习力爆发的时期，也正在迫不及待地了解和拥抱这个世界，但是他们同样会遭遇很多的困难和挫折，父母要学会帮助一岁多的孩子战胜困难，也要多多地鼓励一岁半的孩子继续努力进行尝试。

乐于表达，偶尔会自言自语

对于一岁多的孩子而言，他们的语言能力发展是不尽相同的，有些孩子的语言能力发展相对比较超前，而且表达能力很强，甚至能够说十几个字。也有一些孩子的语言能力发展相对比较滞后，而且语言表达能力也比较弱，只会说三四个字或者五六个字。对于孩子的语言表达能力发展，父母无须过于着急，因为个体差异的存在，使得孩子们在语言表达方面能力有强有弱，但是只要孩子的发展都是正常的，假以时日，孩子一定会非常擅长表达，也会把很多事情都说得更加清楚。

通常情况下，一岁多的孩子会说的字词是有限的，他们能够清晰地喊出爸爸妈妈、猫猫狗狗等这些名称。不过这并不影响他们与其他人交流，孩子本能地就会发掘出新的方式来表情达意，例如他想干一件事情，那么他就会用动作来表达自己的意思。当然，因为着急，他们也会咿咿呀呀地说一些别人听不懂的词语。但是经常照顾孩子的人通常会理解孩子的意思。

有些时候，孩子因为特别着急，一时之间想不起来自己要说的那个词语怎么说，就会用肢体语言来表达自己，因为这样他们会做得更快速，而且表达起来也更为方便。一岁半的孩子有很多的肢体语言都能够表达特定的意思，例如点头就表示是，摇头就表示不是，或者是拒绝，他们会说拜拜、再见、抱抱等这些简单的词语，也可以表达他们的需求。

为了帮助孩子发展语言能力，父母可以多多地和孩子进行交流，交流的方式也是多种多样的。如果父母对孩子提出很复杂的问题，孩子显然很难回答，那么，父母可以采用简单问答，比如指着画面中的某一个动物问孩子是什么，让孩子说出这个动物的名称，也可以说出动物的名称，让孩子在画面中寻找相应的动物。孩子或者会用眼睛看着这个动物，或者会用小手指一指这个动物，渐渐地，他们就能够把事物的名称与具体的事物联系起来，对他们积累语言也是非常有好处的。

在日常生活中，父母还可以引导孩子记住很多常用的生活用语，例如电视、小猫、小狗、哥哥、姐姐、弟弟、妹妹等，如果家里喜欢养宠物，那么也可以让孩子说一说宠物的名称，总之多为孩子创造一些机会去表达，也许孩子一开始说话会含糊不清，或者会思考很长时间才能说出来，只要给孩子更多的练习机会，孩子的表达就会越来越顺畅，很多话会说得越来越好。

有些时候，孩子会叽里呱啦地说很多话，但是父母并不能听懂他们的话。孩子并不知道这一点，他们还以为自己表达得很好呢。看着孩子兴致盎然地说话，对父母而言是一件有趣的事情。在这样的过程中，孩子不断地成长，掌握的字词越来越多，直到有一天，父母会惊喜地发现，孩子居然能把不同的

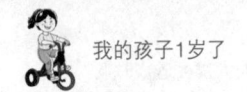

词语连在一起，变成一个短短的句子了，例如他会说"妈妈晚安""爸爸再见"，这些短句虽然只有寥寥几个字，但是却是一个完整的句子，有句子的结构，也能够准确地表达孩子的意思。

一岁多的孩子节奏感还是比较强的，他们尤其喜欢听节奏鲜明的儿歌，父母可以在家里放一些儿歌给孩子听，还可以根据儿歌的节奏来编一些简单的动作，例如小狗汪汪叫，就可以把手放在耳朵两侧，假装成小狗的耳朵，并且张大嘴巴学着小狗汪汪叫。孩子的模仿能力是很强的，他们很乐于模仿父母做出的动作，渐渐地，他们就能够学会这首儿歌。

有一些父母会发现，孩子虽然语言表达能力还相对比较弱，但是他们的心里是非常明白和清楚的。有的时候父母和他们说一个比较复杂的指令，他们也能够理解并且执行。对于一岁多的孩子来说，他虽然不会说"去帮我拿拖鞋"这样的长句，但是当妈妈这么对他说的时候，他会很机灵地去把妈妈的拖鞋拿过来。这就意味着他完全听懂了妈妈的话。在这样的情况下，父母不要只把与孩子的沟通局限在单个的字或者词语上，可以和孩子说一些这种句子，表达一些指令，这样可以帮助孩子积累词汇，可以加深孩子的理解能力。

第 04 章
1 岁孩子的人际能力——别害怕孩子的以自我为中心

进入一岁之后，孩子们关注的重点会集中在自己的身上。他们比较明显地表现出以自我为中心的特点，在这段期间，他们对他人会采取忽视的态度，对周围发生的事情也非常冷漠。有些一岁的孩子哪怕是对关系亲密的家人也会产生排斥，他们最喜欢说的话就是"不要"，用来拒绝家人对他们的关心。在这个阶段，家长往往觉得非常难熬，尤其是与孩子隔代亲的爷爷奶奶，还会觉得孩子是不是不喜欢自己了，对自己产生怀疑。实际上，只要了解一岁孩子的身心发展特点，就会知道这是孩子成长的必经阶段，做出这样的表现是正常的。所以不管是爷爷奶奶还是爸爸妈妈，都不必感到内心失落，要坦然面对孩子的一些变化。

喜欢独来独往，以自我为中心

　　一直以来，父母习惯了在孩子的生命中扮演非常重要的角色，他们无微不至地照顾孩子吃喝拉撒，也陪伴孩子成长，是孩子生命中不可或缺的人。然而孩子才刚刚进入一岁，到一岁三个月左右的时候，他们就表现出对父母的排斥，除非在需要帮助的情况下，否则他们根本不愿意特别亲近某个人。这是因为孩子不希望有人来打扰他们，也不希望有人干扰他们的行动，他们更需要独处的时间，从而可以专心致志地做自己想做的事情。

　　那么，在哪些情况下孩子会需要求助呢？例如孩子正在玩玩具，但是某个玩具他还不太会玩儿，或者某个玩具放在很高的地方，需要有人帮忙，才能把玩具拿下来；再如孩子很想吃一个东西，需要父母帮助他把这个东西做好，他才能吃。在这种情况下，他会积极地求助于父母。在日常生活中，父母在照顾孩子的时候，孩子是不会刻意拒绝的，他认为父母理应照顾他，所以很享受父母的照顾，并对此心安理得。很多父母都会发现，一岁三个月的孩子很难相处和交流，因为他们非常自我，对外部世界，对父母的付出，他们毫不在意。与此同时，他们又很想从父母那里得到更多的照顾，在这样的情况下，父母往往会感到失落。

孩子会自我到什么程度呢？举个简单的例子来说，父母带孩子出去玩，让孩子坐在伞车上。在公园里走很长的时间，孩子就会认为伞车理所应当在各个地方不停地穿梭，并不能意识到是父母在推着他。当父母停下来的时候，车子也不动了，孩子才会注意到：原来，是父母在帮他推车子。因而他会要求父母继续推着车子往前走。如果父母在没有经过孩子同意的情况下就擅自停下来，让车子停在原地，那么孩子往往会非常生气。他们的反应会很强烈，超出父母的预期，而且他们的气愤会表现得很明显。父母往往对此感到无可奈何：我推着你在玩儿，你却这么凶，这是为什么呢？其实这是一岁半孩子的正常反应，因为他们心中只有自己！

一岁半的孩子就像小霸王一样，他们看到喜欢的东西，就会毫不犹豫地把这个东西抢过来。这是因为孩子品质非常恶劣吗？当然不是。一岁半的孩子并不能区分某个东西是别人的还是自己的，他们不管看到什么东西都想要占有。他们认为世界是以他为中心的。在走路的时候，如果有东西挡住了他们的路，他们会毫不客气地把东西移开，如果是小朋友挡住了他们的路，他们会把挡在路上的小朋友推开。他们凶巴巴的，而且非常不讲道理，这让他们难以相处。

周末，爸爸妈妈在家休息，因为平时工作忙，很少照顾平平，所以每当周末，爸爸妈妈就会把所有的时间都用来陪伴

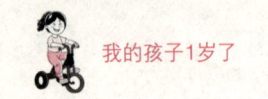

平平。

早晨起床，平平和往常一样坐在茶几旁边玩自己的玩具，这个时候，妈妈为平平拿来一盒酸奶，想让平平喝，没想到平平丝毫不领情，生气地凶妈妈，而且也不喝妈妈拿来的酸奶。妈妈感到很纳闷，因为奶奶告诉妈妈，平平最喜欢喝这个味道的酸奶，那么平平为什么不喝呢？正在妈妈想不通的时候，平平气鼓鼓地自己走到柜子那里，打开柜子，拿了一盒一样的酸奶，让妈妈为他打开，然后津津有味地喝了起来。

孩子明明想喝酸奶，为何父母为他拿来酸奶他却不愿意喝，还很生气呢？他为什么非要自己去拿酸奶喝呢？如果站在成人的角度去考虑这个问题，也许会觉得孩子是故意为之，实际上孩子并不是故意这么做的，只是因为他们很喜欢自己亲手去做一些事情，而不愿意让他人代劳。这样的状态会从一岁半持续到一岁九个月左右才会渐渐好转，在这段时间内，大多数孩子都以自我为中心，他们只关注自己的需求，不愿与他人特别亲近，他们在感情上更趋向于独立，所以父母要了解孩子的这种心理特点，也给予孩子更多的尊重和理解。在必要的时候，还要给孩子自由的空间，让孩子享受独立的时光。

当然，一岁多的孩子并非总是如此。很多时候，他们也是非常惹人喜欢的，他们感到高兴的时候就会与父母非常亲近，和他们亲密相处，还会和他们玩一些好玩儿的玩具。在这样的时候，父母一定要珍惜时间，把孩子抱在怀里，好好地感受孩子的温暖。

即便孩子大多时候是非常可爱的，大多数父母依然会觉得孩子没有小时候那么可爱了，甚至没有婴儿时期那般更愿意与父母交流。这是孩子在这个成长阶段特有的特点，所以父母不要过于介意。父母要把抱孩子的机会当成是孩子对自己的一种奖励，毕竟孩子只让他们喜欢的人抱他们，或者只在有需要的时候才会索求父母的抱抱。

对孩子表现出的任性、霸道和不懂礼貌，父母不用过于在意，只要正确引导，当孩子过了这个阶段，他就会变得更加彬彬有礼，也能够真正看到他人的需求，对他人给予理解和体谅。父母不仅要了解孩子，尊重孩子的身心发展，也要在必要的时候给予孩子一定的引导，这样才能够陪伴孩子健康快乐地成长。

孩子自私冷漠怎么办

很多家庭都是由爷爷奶奶、姥姥姥爷等长辈来负责照顾孩子的。然而，当孩子在一岁半到一岁九个月期间，因为以自我为中心，会表现出一定程度的冷漠，作为辛苦照顾孩子的人，爷爷奶奶等长辈一定会感到很伤心。他们会情不自禁地回想起孩子在婴儿时期那招人疼爱的模样，想起孩子总是咯咯地笑，逗爷爷奶奶开心，又对比孩子现在的表现，一定会觉得有很大的落差。

在一岁半到两岁这段时间里，很多父母长辈都对孩子感到非常失望，也会因为孩子做出的各种举措而感到很遗憾。父母和长辈们常常怀念那个友好可爱的孩子，而对眼前这个所谓的"小霸王"，感到束手无策。尤其是有些孩子，还具有很强的攻击性，他们非常任性霸道，不愿意听从父母和长辈的劝说，也不能够与小朋友友好相处。看到孩子总是会与小朋友发生矛盾，有些父母和长辈不知道到底应该怎么教育孩子，才能够让孩子表现得更好。即使是在家庭生活中，当父母和长辈对孩子提出一些要求的时候，孩子也会大声拒绝，语气态度都非常坚决，让父母和长辈感到无所适从。

哲哲从出生之后基本上就是由爷爷奶奶负责带的，白天爸爸妈妈都要上班，爷爷奶奶在家里照顾哲哲的吃喝拉撒，还经常带着哲哲去小区里晒太阳。哲哲非常招人喜欢，才一岁，就很孝敬爷爷奶奶。每当有了好吃的，他都会先把好吃的塞到爷爷奶奶嘴里，然后自己才吃。对于哲哲的表现，爷爷奶奶非常欣慰，总是说没有白疼这个大孙子。

然而哲哲到了一岁半之后，对爷爷奶奶的态度突然有了180度的大转弯。有一次，妈妈买了哲哲最喜欢吃的樱桃。以前哲哲吃樱桃的时候，会先拿一个樱桃塞到奶奶的嘴里，再拿一个樱桃塞到爷爷嘴里。可是这一次，哲哲把整堆樱桃都放在自己的面前，谁也不让碰。奶奶逗弄哲哲，对哲哲说："哲哲，我很想吃樱桃啊，能不能给我一个樱桃吃呢？"哲哲把头摇得和拨浪鼓一样，对奶奶说："不，不！"爷爷也来逗弄哲哲，对哲哲说："爷爷的牙齿都快馋掉了呢，可以让爷爷尝尝樱桃吗？只吃一个就好啊！"哲哲把整个身子都压在樱桃上，护着樱桃，生怕爷爷奶奶抢他的樱桃吃。看到哲哲这样的表现，妈妈忍不住说："你可真是个白眼狼啊！爷爷奶奶这么疼你，你连一个樱桃都舍不得给他们吃。"爷爷奶奶明显有些失落，要知道以前哲哲有什么好吃的东西都会给爷爷奶奶吃，现在哲哲这是怎么了呢？

在孩子一岁半到两岁期间，很多家长都会有这样的失落感，也会对孩子的"自私"表示无语。其实，这不是因为孩子从大方变得自私，也不是因为孩子对长辈的爱变淡了，而是因

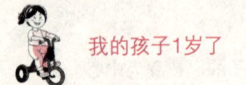

为孩子在这个成长阶段会明显地以自我为中心，而忽略他人的需求，不注重他人的感受。所以父母不要指责孩子，而是应该陪伴孩子度过这个阶段。这样，孩子到了两岁前后就又会变回活泼可爱的模样。

孩子在不同的成长阶段会有不同的表现，他们的行为之所以出现变化，是因为他们的心理有了变化。当孩子处于不同的成长阶段，出现各种变化，父母不要一味地指责孩子，而是要接受孩子各种不同的表现。只有在经历必经的阶段之后，孩子才能够心智发育成熟，也才能够更加健康快乐。

更亲近妈妈

一岁的孩子和妈妈更亲近，这是因为早在出生之前，他们就在妈妈温暖的子宫里生活了十个月，他们更熟悉妈妈的味道，也更熟悉妈妈心跳。新生儿依偎在妈妈怀中的时候会非常安静，这是因为他们感到踏实又美好，也能够从妈妈的呼吸声中获得安全感。

大多数家庭都秉承着男主外女主内的分工原则，虽然妈妈也会工作，但是相比爸爸，妈妈会更多地照顾孩子，尤其是刚刚出生的婴儿，妈妈要给孩子哺乳，也要照顾孩子的吃喝拉撒，还常常和孩子沟通和交流，所以孩子对妈妈的感情是更深的。即使到了一岁之后，孩子与妈妈还是很亲近，作为爸爸，可千万不要感到失落。

一岁的孩子很喜欢和别人说话，那么当他有需要的时候，他会第一时间找到妈妈说话。虽然有的时候妈妈听不懂他在说什么，但是看着他的神情，观察他的动作，对于他的需求也基本能够了解。前文说过，一岁三个月到一岁九个月的孩子是比较排斥与人亲密的，他们只有在有需要的时候，才会主动寻求帮助。对于他们来说，当需要寻求帮助的时候，他们第一时间就会想到妈妈，这是因为妈妈是他们最信任和依赖的人。

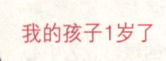

爸爸在孩子这个成长的阶段中应该扮演怎样的角色呢？爸爸不要因为孩子亲近妈妈就感到失落，而是要找准自己的位置，同样会成为孩子生命中不可或缺的重要人物。例如爸爸可以陪孩子玩游戏，在游戏的过程中和孩子进行互动，加深与孩子的感情。在一些竞技类的比赛中，如足球、篮球等，爸爸也占有优势。如果爸爸非常投入地陪伴孩子，也可以在孩子心中占有一席之地，让自己成为孩子成长中不可取代的重要角色。

爸爸出差十几天，凌晨才回到家里，看到许久没见的琪琪，爸爸非常高兴，恨不得当即就把琪琪抱在怀里好好亲一

番！早晨琪琪起床的时候，爸爸走过去想帮琪琪穿衣服，没想到琪琪却生气地对爸爸喊道："不要，不要！妈妈穿！"听到琪琪这么说，爸爸瞬间觉得很失落，他对妈妈说："你看，琪琪只喜欢你，都不喜欢我。"妈妈忍不住笑起来说："她长这么大，你帮她穿过几次衣服呀？孩子肯定觉得我帮她穿衣服更舒服。毕竟对你来说，给她穿衣服是一件很生疏的事情。不过你要是跟她玩游戏，那么她肯定马上就会把我忘在脑后了。"

琪琪吃完早饭之后，终于可以和爸爸一起玩游戏啦。琪琪最喜欢和爸爸一起玩骑大马的游戏，她坐在爸爸的身上，爸爸趴在地上爬，带着她到处爬，她觉得非常有趣，忍不住哈哈大笑起来。这个时候妈妈喊琪琪，琪琪仿佛没有听见一样，都不理妈妈，妈妈忍不住醋意大发，对爸爸说："看看吧，现在她的眼里只有你了！"

在孩子成长过程中，爸爸和妈妈所扮演的角色是不同的。通常情况下，妈妈更多地负责照顾孩子的吃喝拉撒，陪着孩子一起出去玩。爸爸对孩子陪伴相对少一些，不过爸爸可以和孩子做游戏，这样一来也可以迅速拉近与孩子之间的关系，与孩子的相处更加和谐。

爸爸妈妈都是孩子生命中最重要的人，每一个新生命从呱呱坠地开始，就要靠着爸爸妈妈的照顾才能够健康快乐茁壮地成长，所以爸爸妈妈对孩子而言都是不可或缺的。在照顾孩子的过程中，爸爸妈妈要密切配合，也许分工不同，但是目的一定是一致的,那就是为孩子提供成长所需,让孩子健康快乐地长大。

　　不管孩子和谁更亲近,都是孩子本能做出的选择,也是在成长的过程中,他们与对方更多接触的原因。所以如果爸爸觉得孩子和自己不够亲近,那么也不用感到失落,可以抽出更多的时间来陪伴孩子。陪伴是父母给孩子最好的礼物,不管什么时候,父母都要用心地陪伴在孩子身边,陪孩子度过成长中的喜悦时光,一起解决成长中的各种烦恼,成为孩子生命中的重要角色。

乐于和成人沟通，却把小伙伴当玩具

在一岁半到一岁九个月之间，孩子的表现会跟此前又大有不同。在这个成长阶段中，孩子很愿意和成人进行沟通，他们会主动地和爸爸妈妈搭话，或者和身边的其他大人说话。相比之下，他们对于同龄人则没有那么浓厚的兴趣，他们并不把同龄人当成自己生命中不可或缺的小伙伴，而是把同龄人看成是自己的一个玩具。正是受这样的心态影响，所以很多这个年龄段的孩子会对小伙伴做出一些出人意料的举动。例如，他们会突然伸出手指戳戳小伙伴的眼睛，或者会突然伸出手来抓抓小伙伴的头发。当孩子做出这样的举动时，父母不要觉得过于惊讶，因为这是孩子正常的举动，并不带有恶意，不过父母要注意保障双方孩子的安全。

有些父母在看到孩子对其他小朋友做出这样无理的事情时，会严厉地批评孩子，甚至会认为孩子有暴力倾向，实际上这是对孩子的误解。一岁半到一岁九个月的孩子对于外部的世界充满了好奇，不管是客观存在的事物还是生动活泼的人，他都想探索个清楚。看到同龄的小伙伴，他会感到非常奇怪，不知道为何小伙伴的头上会长出那么多像草一样的头发，也不知道为何同龄小伙伴的眼睛比洋娃娃的眼睛更加灵活，会不停地张开闭上。这都让孩子感到特别好奇，忍不住想要一探究竟。

　　孩子之所以做出这些举动，就是因为他把同龄的小伙伴当成一个玩具，他认为同龄的小伙伴是没有生命的，而是和很多客观存在的玩具、家具一样，没有自己的思想，所以，孩子才会对同龄的小伙伴做出这样无理的举动。例如他会撕扯小伙伴的衣服，或者是把手指伸到小伙伴的鼻孔里使劲地挖。有的时候，他还会用拳头去打小伙伴，想试试这个小伙伴是不是真的非常结实和牢固。由此可见，孩子是真的把小伙伴当成了没有生命的某一个物件，在这样的情况下，他当然不会产生与小伙伴一起玩耍的意识，更不会愿意与小伙伴分享。

　　一岁半到一岁九个月的孩子，注意力能够保持的时间还是很短暂的，不管他是独自玩耍，还是和其他小朋友在一起玩耍，都不能坚持很长的时间。很多孩子都是独生子女，在家里的时候他们会独来独往。有的孩子即使进入了托儿所，也依然独来独往，不喜欢与同龄人相处。很多托儿所的老师都发现了非常有趣的现象，那就是在同一个房间里有几个孩子一起玩，但是他们经常都是各玩各的，而且他们仿佛已经划定了属于自己的地盘，谁也不侵占谁的地方，只在自己的领地里玩耍。他们完全沉浸在自己的世界里，仿佛身边并没有同龄人存在。当然，有的时候因为玩耍的需要，或者是想要某种玩具，他们也可能会在无意间"侵犯"他人的地盘，或者是霸占他人的玩具。做出这样的行为并不是恶意的,也并不代表不友好。如果仔细观察两个小朋友互看对方的眼神,作为成人一定会感到非常惊讶,因为他们的眼神特别漠然,并不带有感情色彩,他们都把对方看成自己的身外之物,对对方也丝毫不感兴趣。

这个年龄段的孩子们并不乐于和同龄人交往,但是他们对大人却非常喜爱。在托儿所里可以看到,孩子们往往会以老师为中心,形成一个小团体,紧密团结在老师的周围,这样的情况会一直持续到两岁左右。等到孩子两岁的时候,他们才会意识到和同龄人在一起玩耍多么有趣。当然,即使他们在与同龄人的相处中感受到很多乐趣,他们也并不会始终和同龄人友好相处,而是很有可能在玩耍的过程中,与同龄人之间发生各种各样的矛盾。

在这个阶段里,父母要配合孩子,多多和孩子沟通和交流,如果发现孩子和同龄人的交流很少,也不要感到紧张,因为这对于一岁半到一岁九个月的孩子来说是正常的表现。等到孩子度过了这个阶段,到了两岁前后,他们就会更愿意和同龄人进行沟通,一起玩耍,他们会感受到同龄人陪伴的乐趣。父母养育孩子,陪着孩子成长,就是帮助孩子解决一个又一个的难题,战胜一个又一个的困难,所以,父母和孩子之间需要进行良好的沟通和互动,父母也要对孩子充满爱和耐心,给孩子营造充满爱与自由的成长环境。

乐于模仿，向大孩子学习

一岁半的孩子很善于模仿，他们的模仿行为是主动做出来的，并不带有目的性。有的时候父母想引导孩子模仿他们的行为，或者对孩子提出要求，却发现孩子完全不听指挥。这说明孩子的叛逆意识已经初步产生，他们更愿意主动地做一些事情，而不喜欢在他人的安排下做一些事情。

当着孩子的面，父母把木钉钉在带有特定孔洞的木板上，父母一句话都不需要说，孩子就会主动拿起木钉，学习父母的样子，把木钉钉到木板上。但是如果父母对孩子提出要求，告诉孩子要怎么做，那么孩子非但不会照着去做，还有可能把木钉扔在地上，或者是直接离开，甚至会对父母表示气愤，这说明孩子的模仿行为是主动自发的，而不是在父母的要求下做出来的。

很多父母都发现孩子喜欢和大孩子玩耍，但是却并不知道孩子为什么会这么做。这是因为孩子和孩子之间会有天然的亲近感，而略微大一些的孩子在能力方面会更强，会做出很多新鲜的举动。在和大孩子玩耍的过程中，孩子会积累更多的词汇，也会模仿大孩子的行为举止做出一些动作，这对于他们积累知识，发展行动能力，都是非常有好处的。

既然发现了孩子的这个特点，那么，父母可以创造机会，让孩子和更大一些的孩子在一起相处，这样一来，孩子会感到非常快乐，也会学习到很多东西。当然，并不能强迫孩子去学习和模仿，而是要让孩子在自然的过程中接受。

两个孩子在一起玩耍，不可能始终保持和谐融洽。有的时候，孩子和同龄人在一起玩耍，会因为抢夺一个玩具，或者是不小心发生了肢体触碰而打起来。对父母来说，这是比较棘手的情况，因为孩子之间的有些矛盾很难解决，还有可能引起成人之间的矛盾。作为父母千万不要护短，要知道孩子的身心发展规律，也知道孩子在这个阶段做出特定的行为是在所难免的，从而更加宽容，这样才能帮助孩子友善地平息矛盾。

用爱鼓励孩子，让孩子更勇敢

每个孩子的性格特质都是不同的，有的孩子天生就活泼开朗，而有的孩子天生性格内向。例如，有些孩子很喜欢和小朋友在一起玩，但是有些孩子就不愿意和小朋友一起玩耍。除了是因为处于特殊的孤独时期之外，与孩子本身的性格也是有关系的。对于孩子在性格方面不足的地方，父母不要试图改变孩子，而是可以用爱来帮助孩子，鼓励孩子，让孩子弥补性格的不足，快乐成长。

一岁半到一岁九个月的孩子往往还会表现出胆小的特点，这是因为他们对于外部的世界并不了解，而且对很多事情也没有经验。这使他们在做很多事情的时候都表现出胆小畏缩，作为父母，千万不要心急地催促孩子要勇敢，因为催促并不能使孩子勇敢。要想让孩子变得勇敢，最重要的是多多鼓励孩子，也可以陪伴孩子去做一些事情。当孩子对世界越来越了解，人生的经验越来越多，他们在面对很多事情的时候，就不会畏缩和退却。

现实生活中，有太多的父母都有着急迫的心态，在教育孩子方面急功近利，恨不得自己只要做很小的事情，就让孩子有巨大的改变。这样的想法是不现实的，父母一定要多多付出耐心，因为孩子的成长是一个漫长的过程，孩子各个方面能力的增长和提升，都需要父母付出极大的心力和大量的时间。所谓陪伴，就是既要陪着孩子度过快乐的时光，也要陪着孩子度过难熬的时光；所谓接纳孩子，就是无条件地接受孩子的一切，既接受孩子的优点，也接受孩子的缺点，这对于孩子而言才是最重要的。

西西从小就很胆小，哪怕父母说话声音稍微大一点，他都会觉得害怕。有的时候西西和小朋友们在一起，看到小朋友们拿着一个新鲜有趣的玩具，他也不敢尝试去玩。爸爸妈妈一直为西西胆小的问题而发愁，他们希望西西变得更勇敢，这样西西在面对很多新鲜事物的时候才有勇气去尝试。怎样才能增强西西的胆量呢？

有一天晚上，家里不小心飞进来一只苍蝇，西西看到苍蝇嗡嗡嗡地到处乱飞，吓得四处乱躲。爸爸不由得生气训斥道："西西，这只是一只苍蝇而已，你轻轻一拍就能把它打死，为什么要害怕呢？要勇敢，西西！"西西瞪着大眼睛看着爸爸，并不理解爸爸所说的意思。爸爸更生气地说："勇敢拍死它！"听到爸爸说话的声音那么大，西西吓得大哭起来。这个时候，妈妈走过来对西西说："西西，苍蝇非常小，我们抓住它，看看它的翅膀长得什么样子，好不好？"妈妈抓到苍蝇之后，拿着给西西看，让西西看看苍蝇细细的小腿、透明的翅膀，然后又当着西西的面用一张纸巾把苍蝇包起来扔到马桶里

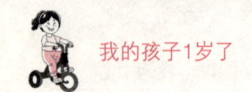

冲走了，从此之后西西就不害怕苍蝇了。妈妈对西西说："看到苍蝇，就要打死它，因为苍蝇是害虫。"西西再看到苍蝇的时候就会追着苍蝇打，直到把苍蝇抓住为止。

　　对于一岁半到一岁九个月的孩子而言，训斥他们胆小并不能让他们真正变得勇敢起来，就像上述事例中，爸爸看到西西害怕苍蝇就变得非常不耐烦，结果反而把西西训哭了。和爸爸粗暴简单的做法相比，妈妈的做法显然是更可取的。孩子之所以会怕很多事物，是因为他们缺乏人生经验，不了解那些事物。如果爸爸妈妈能够带着孩子去了解这些事物，让孩子知道这些事物没有什么可怕的，那么孩子就会表现得更加勇敢，也会更加坚强。父母的爱才是孩子勇敢的原动力。

第05章

1岁孩子的习惯养成——请给孩子足够的耐心和关注

　　一岁期间,孩子各方面的能力都在快速增长,如果父母能够抓住这个时机培养孩子良好的习惯,那么对于孩子未来的人生是会有很大帮助的。虽然培养习惯需要付出大量的时间,也需要有足够的耐心,但是习惯一旦养成,接下来养育孩子容易许多。例如,当孩子养成了独立入睡的习惯,那么父母就不需要每天晚上哄着孩子入睡;当孩子养成了独立吃饭的习惯,父母就不需要喂孩子吃饭。而这些习惯会影响孩子生活的方方面面,父母一定要用心帮助孩子养成这些好习惯。

尽量别让孩子太早单独睡

很多妈妈都有这样的感受,自从有孩子之后经常感到非常困倦,尤其是在新生儿出生之后,在大概一年的时间里,孩子不管是吃母乳还是吃奶粉,妈妈常常需要一夜间起来好多次照顾宝宝的吃喝拉撒,感到困倦也是在所难免的。因为这样,妈妈无比怀念没有宝宝的日子,那时的夜晚是完全属于自己的。因此,有一些妈妈迫不及待地想让孩子独立入睡。但是,对于一岁多的孩子而言,太早独立入睡并不利于孩子身心健康地发展,也不利于满足孩子的情感需求,甚至会让孩子感到非常不安。

看到这里,也许有些妈妈会感到困惑,不是应该培养孩子独立入睡的习惯吗?在西方国家,父母一直是让孩子独立睡的,哪怕是在孩子刚刚出生的时候,也会给孩子准备独立的小床。很多孩子小小年纪就开始在自己的房间里睡觉,这样可以培养孩子的独立性,又有什么不好呢?

婴幼儿阶段,是父母与孩子亲密的时光。如果错过这段时间,那么孩子的情感就不能得到满足。还记得小时候一边听妈妈唱着催眠曲一边入睡吗?即使长大成人之后,我们的耳边也经常回响起这首催眠曲,这使我们不管身在何处都能够感受到妈妈的爱。在满满爱意的包裹之中酣然入睡,对于孩子来说,是多么幸福的一件事情啊！

　　在西方国家，很多妈妈只要到了睡觉的时间，就会把孩子放在床上，然后把孩子独自留在床上，妈妈就离开了。虽然可以培养孩子的独立精神，但是对于年幼的孩子来说，突然自己面对空荡的房间，甚至还要面对黑暗，是非常可怕的。精神科的医生经过研究发现，当年幼的孩子不得不独立面对黑暗的空间时，他们会感到非常无助，失去安全感。在夜晚，人的感情往往是比较脆弱的，孩子也更需要妈妈的爱抚。

　　近些年来，由于西方教育思潮的影响，很多年轻的父母也开始学习西方的育儿方式。很多父母让孩子从小就习惯独立入睡。实际上，这对于孩子的成长并不好，因为在一岁到两岁期间，孩子最担心的事情就是失去妈妈。他们恨不得一天二十四

小时和妈妈在一起，不愿意与妈妈分离，可想而知当妈妈把孩子放在孤独的小床上的时候，孩子会有多么的伤心、难过。过了一岁之后，孩子并不会每天夜里都吃很多遍夜奶。妈妈可以尝试帮助孩子戒掉夜奶，让孩子穿着尿不湿从晚上一直睡到早上，这样就不会严重影响妈妈的睡眠了。在这种情况下，妈妈可以多一些时间陪伴在孩子的身边，给予孩子香甜美好的睡眠，有了妈妈的爱抚，孩子说不定还能做一个美滋滋的梦呢！

晨晨刚刚一岁，妈妈就给晨晨断了奶，然后坚持要让晨晨自己睡在房间里的小床上。她说："西方国家的孩子都很独立，就是因为从小就自己睡觉！"到了晚上，妈妈让晨晨喝了牛奶，给晨晨换上干净的尿不湿，就把晨晨放到小床上。在亲吻晨晨之后，妈妈就离开了。晨晨哭得撕心裂肺，她以为自己失去了妈妈。为了让晨晨尽快适应独自入睡，妈妈强忍着不去看晨晨，爸爸忍不住想要去看看晨晨，也被妈妈制止了。就这样晨晨哭到精疲力尽，才昏昏沉沉地睡去了。

一个星期后，晨晨依然没有适应独自入睡，他每天晚上还是会哭泣，虽然不像以前那样哭那么久，但是他依然很伤心。渐渐地，他似乎接受了这个事实，在哭一会儿之后，就会含着自己的大拇指睡着了。妈妈感到很纳闷，因为晨晨以前并没有吃大拇指的习惯，但是在让晨晨独自入睡之后，晨晨就开始吃大拇指。妈妈每天晚上去看晨晨的时候，都会把他的大拇指拿出来，但是到次日清晨起床去看晨晨时，却发现晨晨又在吮吸大拇指。几天下来,晨晨的大拇指都被吮吸得破了皮,指甲也被啃得乱七八糟。妈妈想方设法地帮助晨晨戒掉这个坏习惯,但是却收效甚微。

后来妈妈带着晨晨去看医生,咨询晨晨为什么爱吮吸大拇指。医生在了解了情况之后对妈妈说:"孩子之所以吮吸大拇指,是因为在你给他分床的时候采取了简单粗暴的方式,这使他感到非常不安,他就只能通过这样的方式来让自己获得安全感。其实,一岁的孩子完全没有必要独自睡觉。你可以在大床旁边为他准备一张小床,这样他可以随时看到你们,在需要的时候也可以得到你们的帮助,这会让孩子感到更加心安。"在听完医生的一番分析之后,妈妈意识到过早地让孩子分房间睡并不是一件好事情,所以她采纳了医生的建议,准备了一张小床拼在大床旁边,让晨晨睡在小床上。在和爸爸妈妈睡了一段时间之后,晨晨果然不再吃大拇指了。

一岁的孩子还不具备独立入睡的能力,而且因为突然之间看不见妈妈,他们会感到非常恐慌。尤其是有些妈妈迷信西方的教育思想,即使孩子哭闹,她们也不愿意妥协,这对于孩子的身心是巨大的伤害。

另有儿童教育专家指出,要想培养孩子独立入睡的习惯,给孩子分房分床,那么至少要等到孩子四岁,此时孩子才具有更强的理解能力,也会知道自己独立入睡之后,次日醒来还是能够看见爸爸妈妈。这样一来,他们才不会那么恐慌。父母能够陪伴孩子入睡的时间少之又少,几年的时间孩子就长大了,所以父母要珍惜能够抱着孩子入睡的时间,在孩子童年时期,父母多多陪伴孩子,孩子的内心就会更加温暖和柔软。如果在孩子童年时期,父母没有给予孩子充足的爱,那么孩子就会有感情方面的缺失,也会在成长的道路上遇到各种各样的困境。

大小便训练很重要

对于一岁多的孩子而言,控制大小便是一件非常重要的事情,也是孩子成长中的重要课题。虽然对于孩子来说,这是他们必须学会做的一件事情,也有很多父母希望能够让孩子尽快形成大小便的规律,但如果过分强迫孩子,对孩子进行规律的大小便是非常不好的,甚至还会因为错误的方式对孩子造成严重的伤害。

在对孩子进行大小便训练的时候,有的父母会对孩子说"现在到上厕所的时间了",这句话本身就有很大的问题。因为是否上厕所是由孩子的身体需求决定的,而不是由父母规定的。在孩子上厕所的时候,因为动作比较慢,过程比较长,所以有些父母还会催促孩子,这也会让孩子感到很挫败:如果他们连自己的身体都不能控制的话,那么他们还能做好什么事情呢?还有的父母一边给孩子擦屁股,一边抱怨孩子的臭臭太臭了,抱怨孩子弄得到处脏兮兮的,这会让孩子对大小便产生错误的感觉,觉得非常羞耻,甚至排斥接受大小便的训练。显然,父母这些不假思索说出来的话,很容易伤害孩子稚嫩的心灵,也会对孩子的成长造成一定的困惑。

一岁多的孩子已经能够渐渐地控制大便了,这说明孩子的

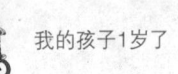

生长发育进入一个崭新的阶段。在此之前，孩子之所以大便，并不是因为他觉得自己应该大便了，而是因为在有了大便之后，肛门就会进行自然的条件反射，开始排便运动。当孩子能够控制大便，就意味着孩子可以调节肛门，这说明孩子在有便意的时候，既可以进行排便，也可以在短时间内强忍住，不去排便，这样一来，他们就能够自主选择排便的时间和地点。

当发现自己能够控制排便之后，孩子会感到非常自豪。从这件事情之后，孩子各方面的能力渐渐增强，他们也将从父母那里承担更多的责任，他们开始独立穿衣服、整理房间，还会自己洗手、洗小手帕等。这些小事情虽然在父母眼中微不足道，但对于孩子而言每一件事情都意义重大。由此可见，帮助孩子学会控制大小便不但能够减少父母照顾孩子的麻烦，而且还会影响孩子的性格和生活的习惯。孩子在此过程中也会更加信任父母。对于孩子漫长的成长过程而言，这些都是至关重要的。

也有一些父母觉得对孩子进行大小便训练并没有那么重要，因为他们认为到了年纪，孩子自然而然就能学会。这样放任自流的方法，虽然不会阻碍孩子学会控制大小便，但是却会延迟孩子学会控制大小便的时间。如今，幼儿园的教育已经普及，很多孩子在三岁前后就会进入幼儿园里开始集体生活，如果家里没有老人帮忙带养孩子，年轻的父母因为忙于工作，甚至会在孩子两岁多的时候就把孩子送去托儿所。所以父母要及

第 05 章
1 岁孩子的习惯养成——请给孩子足够的耐心和关注

早地对孩子进行大小便训练,这样孩子在走出家庭,进入幼儿园开始集体生活的时候,才能够具有更强的自理能力。当然,这并非是父母想做到就能做到的,而是要综合考察孩子的情况。父母在对孩子进行训练之前,要先观察孩子是否已经具备了控制大小便的能力,是否已经释放出进行大小便训练的信号。

大多数专家学者都认为,孩子在一岁八个月左右就能够忍住小便。不过也有儿科医生觉得,在孩子一岁三个月的时候,父母就可以对孩子进行大小便的训练。也有的父母会在孩子一

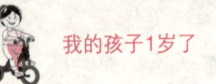

岁的时候，就让孩子主动去便盆上小便，这些情况都因人而异。有的孩子在这方面的表现比较好，有的孩子在这方面的表现相对差一些，这都没关系，因为孩子本身就存在个体差异。只要孩子的身体机能是正常的，他们一定能够学会控制大小便。

在一岁三个月的时候，孩子在小便之后就会告诉妈妈他小便了，等到一岁半的时候，孩子能够意识到自己想要大便，会把自己的便意告诉妈妈。但是当他告诉妈妈的时候，他很有可能已经把大便拉在裤子里了，这使得妈妈在得到孩子发出的准确信号之后，根本没有时间为孩子脱掉裤子，让孩子坐在便盆上畅快地大便。这不是孩子故意为之，因为孩子既不能够提前感受到便意，也不能够控制自己延迟大便的时间。到了一岁九个月大的时候，孩子才能够提前感知到便意，这样一来他们就可以对妈妈发出预警，妈妈也可以及时安排他们大便。到了两岁的时候，孩子会提前知道自己要小便了，尿湿裤子的情况就会大大减少。大便和小便是人吃喝拉撒中的重要两项，孩子要想具有自立的能力，要想更加照顾好自己，就必须学会控制大小便。那么具体来说，父母教会孩子控制大小便要做到哪些步骤的工作呢？

第一步，父母要为孩子购买一个儿童坐便器或者是马桶的楼梯。马桶的楼梯是一种可以架设在马桶上的儿童专用的楼梯。孩子因为身高比较矮，所以无法顺利地坐到马桶上。有了这个楼梯之后，他们就可以踩着楼梯坐到马桶上。当然，和儿童坐便器相比，这个楼梯还是有一定难度的，所以最好给孩子准备一个儿童坐便器，把儿童坐便器放在孩子知道的地方，而且让孩子能够很容易地到达，并且要给孩子演示如何使用这个坐便器，可以带着孩子去成人马桶那里告诉孩子儿童坐便器和成人马桶的作用是一样的。

如今市面上的坐便器很多，有一些坐便器采用卡通的造型，颜色非常鲜艳，看起来很可爱，也有一些坐便器会有音乐的声音，当孩子大便或者小便的时候，马桶就会响起音乐声，这对孩子而言是非常愉悦的事情。

第二步，准备好马桶坐便器之后，就要让孩子在固定的时间排便。曾经有科学家经过研究发现，如果坚持在每天早晨大便，对于身体是非常有好处的。当然，父母无法命令孩子，让孩子每天早晨大便，但是可以渐渐地引导孩子这么去做。例如，每天在固定的时间里，让孩子在便器上坐几分钟，虽然孩子一开始没有便意，但是一直坚持下去，孩子渐渐地就会养成习惯。大概一周过去，孩子就会在这个时间主动要求大便或者小便。这对于孩子保持一天的干净清爽都是很有好处的。

第三步，一岁多的孩子往往还穿着尿不湿，那么为了让孩子养成主动排便的习惯，在孩子坐到坐便器之前，父母要为孩子脱掉尿不湿，这样孩子才知道坐便器是需要脱掉尿不湿使用的。当然，先不要急于让孩子在坐便器上小便或者大便。不妨先把坐便器当成一个玩具，让孩子们在每天的固定时间里使用，当孩子对坐便器产生兴趣的时候，他们就不会因为坐在坐便器上而感到紧张，就会自然地进行大小便。

第四步，当孩子能够接受坐便器，而且对坐便器比较感兴趣的时候，父母就可以引导孩子在坐便器上大小便。例如，当孩子在尿不湿上大便的时候，父母就可以当着孩子的面把尿不湿上的大便弄到坐便器当中，然后再用水把坐便器里的大便冲到马桶里。如此反复当着孩子的面做出这样的步骤之后，孩子就会知道大便是需要拉到坐便器里的，那么当他有大便的时候，他就有可能主动坐到坐便器上。孩子能够独立自主地排泄大便，对于孩子的成长而言是一个质的飞跃，是值得高兴的。

进行完前四个步骤之后，终于到了第五个步骤，那就是培养孩子独立上厕所的好习惯。所谓独立上厕所一定是要以孩子能够自主大小便为基础。如果孩子还不能做到自主大小便，那么他们怎么能够独立使用儿童坐便器进行大小便呢？在这个阶段里，不要过于看重家里物品的整齐，而是应该把儿童坐便器放到孩子经常玩耍的地方，或者是放到孩子的房间里，这样当孩子有便意时，就能够第一时间坐到坐便器上。第一次在坐便器上进行大小便，孩子一定会感到非常高兴，需要注意的是在此期间，父母不要去打扰孩子，而是要让孩子专心致志地大小便。对于孩子来说，只有集中精神，才能顺利完成大小便。

有了儿童坐便器，进行了后四个步骤的训练，孩子在白天的大小便问题基本就得以解决。那么到了夜间的时候，如何帮助孩子进行大小便训练呢？这需要以孩子释放的信号为准。如果孩子在午睡期间从来没有把尿不湿尿湿，那么，这说明孩子在睡眠状态下也可以控制大小便。不要强求孩子在夜间能够控制大小便，父母如果对于孩子的大小便问题过于关注，对孩子进行超强度的训练，就会违背孩子的身心发展规律，起到事与愿违的效果。有些孩子因为父母对他们进行大小便训练感到非常紧张，说不定还会出现大小便失控等异常行为呢！

不管对孩子进行什么方面的训练，都要以孩子自身的发展为基础。如果父母对孩子的爱违背了孩子的身心发展规律，那么非但不利于孩子的成长，反而还会对孩子造成一定的困扰和伤害。所以父母应该给予孩子有效的帮助，这样才能够助力孩子成长。

纠正孩子的不良习惯

在成长的过程中，孩子会因为各种各样的原因而形成一些不良习惯，例如，有的孩子喜欢吃手指，有的孩子喜欢撕扯自己的头发，还有的孩子脾气非常暴躁。每当感到不满意或者生气的时候，他们会用自己的头狠狠地撞墙。这样歇斯底里的行为往往让父母感到手足无措，这些行为一旦形成习惯，再想改掉就会很难。那么对于孩子的这些不良习惯，父母是应该想方设法地尽快纠正呢，还是对孩子置之不理，让孩子随着成长水到渠成地改掉这些坏习惯呢？显而易见，寄希望于后者是不太现实的。毕竟习惯是一种非常顽固的东西，所以父母要采取积极的方式帮助孩子戒掉这些坏习惯。

一岁之后，孩子越来越有主见，在这种情况下，父母应该帮助孩子纠正不良的习惯。虽然孩子才一岁多，但是已经具备了沟通的能力，所以父母在让孩子改掉坏习惯之前，要告诉孩子这个坏习惯存在哪些问题，有可能引起怎样严重的后果。在给孩子讲清这些事情的基础上，孩子才会愿意配合父母改掉这个习惯，否则父母不管多么努力，孩子很可能依然我行我素，改掉坏习惯的效果就会很糟糕。

一般情况下，孩子并不知道自己的哪些坏习惯会带来怎样严重的后果，这是因为"孩子初生牛犊不怕虎"，他们缺乏人生的经验，认为这些坏习惯无关紧要。其实坏习惯对人的影响是非常深远的，有些习惯会使人在不知不觉间就做出惯常的行为，孩子的有些习惯也会带来危险，所以改掉这些习惯还是一件非常有必要当即就去做的事情。

事实上，孩子的有些行为还称不上习惯。例如，有的孩子很喜欢重复，他们经常重复一个动作，就是把玩具捡起来再扔掉，再捡起来再扔，如此循环反复，他们依然乐此不疲。有的时候，帮孩子捡玩具的父母已经感到非常疲惫和厌烦了，但是孩子却依然要求这么做。其实这对孩子而言，虽然行为是重复的，但并不是一种习惯，而是因为孩子想通过这样的方式去进行学习。他会倾听不同的东西落在地上的声音，也会观察不同的东西落在地上的形态，这是孩子非常重要的一种学习方式。对于孩子这样的重复性行为，并不要将其归属于习惯，也不要将其归属于坏习惯，且无须盯着孩子去改正。

很多父母都会发现，一岁半之后，孩子很愿意独立吃饭，但每次吃饭都会弄得到处都是，脏兮兮的。实际上这不是孩子故意在捣乱，而是因为他们手部的精细动作还没有发育成熟，所以在做一些精细动作的时候常常会出现失误。对于这样的表现，父母无需过于纠正孩子，这是由孩子的能力发展水平决定的。也许对一岁多的孩子来说，他们还不能做得很好，但是随着时间的流逝，他们一定会做得越来越好。说到用手吃饭，很多父母都会马上想起手抓饭，其实对于孩子来说，手还有一个重要的作用，那就是用来吃。绝大多数孩子都有吃手的坏习惯，这是为什么呢？难道孩子的手指吃起来很甜吗？当然不是，其实是因为孩子通过吃手来回忆吮吸母乳的感觉，这会让他们感到满足，也感到非常安全。很多细心的父母都发现，在无聊或者紧张的情况下，孩子更爱吃手。如果孩子正投入地做一件事情，或者玩得很开心，那么他们往往不会把手塞到嘴巴里。如果孩子吃手没有超过正常的限度，父母可以对这件事情采取忽视的态度，任其自由发展，等到孩子渐渐长大之后，他们就不会吃手了。

除了这些没有伤害的习惯之外，有一些习惯是会给孩子带来伤害的，例如孩子故意扔东西、砸东西，以此来发泄不良的情绪。再如，孩子看到小朋友的时候会抬手打人或者张嘴咬人，给小朋友带来伤害。再如，孩子用头撞向坚硬的墙壁，或者使劲地撕扯自己的头发伤害自己。这些行为都说明孩子的心理可能出现了异常。父母要洞察孩子异常行为背后隐藏的心理原因，这样才能及时把握孩子的心理动态，更加有的放矢地帮助孩子解决问题。

习惯的养成是一个漫长的过程，对于孩子而言，他们做出的很多行为都是遵循自己的本能，当重复的次数多了，也就变成了习惯。但是习惯的戒除却是非常麻烦的。好习惯的养成需要漫长过程，坏习惯的戒除需要更漫长的过程。在帮助孩子战胜这些不良习惯的过程中，父母要更加了解孩子，也要知道孩子在习惯行为背后隐藏的深层次心理原因，这样才能够有针对性地帮助孩子解开心结，让孩子有更好的表现。

一岁既是孩子养成好习惯的最佳时机，也是父母帮助孩子纠正不良习惯的最佳时机。养成好习惯与纠正不良习惯是可以同步进行的，父母必须双管齐下，才能够让孩子获得更快速的成长。

孩子能看电视吗

美国儿科学会曾经提出，在孩子两岁之前，应该绝对禁止孩子看电视。他们认为只有与人更多地交流，孩子的头脑发育才会更加健康。而电视画面会使孩子的智力发育迟缓，也会影响孩子的大脑活跃程度。与此相应的理论是在两岁之前，孩子应该四处玩耍，更多地与同龄人相处，也可以进行一些户外活动，在与人交往的过程中，从他人那里获得关注和保护。

在此期间，亲人对孩子的关爱和照顾，能够对孩子产生良性的刺激，让孩子的脑部发育更好，也可以提升孩子的智力发育水平。很多父母将这条理论奉若经典，他们坚决遵循儿科专家的建议，不允许两岁之前的孩子看电视，甚至因为家里有孩子，他们把电视搬到孩子看不到的地方。但是孩子真的不能看电视吗？对于这个问题，也有人有不同的意见。

有人认为，孩子在一岁之后就可以适度地看电视，这是因为在电视节目中也有很多精彩的语言，在观看电视节目的过程中，孩子可以积累一些词汇，而且可以认识很多新鲜的事物，获得知识和成长。事实证明，如果孩子一直坚持看英语节目，那么在两岁的时候，他们就可以随口说出几句英语。这说明了看电视对孩子的智力发育是有好处的。

有一点令人费解的是，一些电视节目的确具有一定的技术含量，也能够刺激孩子的智力发育，那么为什么有这么多人都不赞成给孩子看电视呢？这是因为电视对于孩子所提供的刺激属于单向刺激。所谓单向刺激，就是电视一直在刺激孩子，而孩子并不需要对电视的刺激做出回应。所以在这样单纯接收的过程中，孩子的思维活动能力会越来越减弱。如果孩子一直沉迷于电视之中，那么在两岁半以后，他们很有可能会出现自闭症的倾向。甚至有一些儿科专家认为，在有孩子的家庭里，父母也应该尽量少看电视，如果负责照顾孩子的人每天都在盯着电视看，那么时间久了，他们就不想与孩子沟通。孩子虽然有人陪伴，却非常孤独，并且不能很好地和父母进行语言交流，这会对孩子的成长造成很大的阻碍。

电视作为一个电子产品，不但会对孩子的身体发育造成影响，而且还会损害孩子的智力。电视屏幕的强光会对孩子的视力造成损伤。如果孩子通过看电视没有学会如何表达，那么他就不能在现实生活中顺畅地与人沟通。此外，电视的画面变更的速度非常快，也会有很多幼儿不宜的电视节目，给孩子造成很复杂的刺激，会对孩子形成负面影响。

孩子并不是完全不能看电视，原则就是一定要控制孩子看电视的时间。在一岁之后，如果有非常好的电视节目，可以让孩子每天短时间地看电视。如果孩子整天都沉迷于电视，那么孩子的视力、智力、听力都会出现问题。父母在给孩子看电视的时候，应该选择那些适合幼儿观看的电视节目，这样孩子才能够从电视上得到有益的信息。要拒绝那些不适合幼儿看的电视节目，尤其是充满暴力和血腥的电视节目。在孩子看电视的时候，父母最好陪伴在孩子的身边，把电视节目作为一种媒介和孩子进行沟通，与孩子进行互动。当父母坚持这么去做，电视节目非但不会阻碍孩子成长，还能作为一种良好的媒介加深亲子沟通与互动，增进亲子感情。

尤其需要注意的是，当孩子在身边的时候，父母不要观看那些不适合孩子看的电视节目。虽然有的时候孩子看似正在一旁玩耍，对这些电视节目根本不感兴趣，但是他们随意的一瞥，如果看到电视上不适合幼儿观看的画面，或者听到一些粗鲁的语言，这对孩子的成长都是非常不好的。等到孩子渐渐长大之后，有一些非常好的科普类电视节目也可以给孩子看。总之，在孩子看电视的过程中，在孩子能够独立地选择电视节目之前，父母要密切监管孩子对电视节目的选择，也要严格控制好孩子看电视的时间，这样看电视才会成为健康有益的活动。

养成三大饮食习惯

　　有的孩子在吃饭的时候会打开电视机，边看着电视边吃饭，这非但不利于孩子专心致志地吃饭，影响孩子的消化功能，也会损伤孩子的视力。如果父母能够在孩子一岁到两岁之间，帮助孩子养成重要的三大饮食习惯，那么孩子将来会保持良好的饮食习惯，也能保持身体健康。

　　先来说说孩子会有哪些不好的饮食习惯吧！除了开篇所说孩子喜欢一边看电视一边吃饭之外，还有的孩子喜欢一边玩一边吃饭，也有的孩子吃饭的时候会弄得乱七八糟，把食物撒得到处都是，也有一些孩子吃饭非常不专心，三心二意，导致胃口很不好，对食物也非常挑剔。如果孩子不能养成良好的饮食习惯，又怎么能够摄入充足均衡的营养、健康地成长呢？

　　所谓三大饮食习惯，主要是以下三种习惯。

　　第一种饮食习惯是要和家人一起吃饭。孩子为什么一定要和家人一起吃饭呢？这是因为家人的一日三餐时间是相对固定的，这样就可以帮助孩子养成按时用餐的好习惯。有些孩子长得瘦小是因为他们没有好胃口，而他们之所以没有好胃口，是因为他们从早到晚都在吃零食。有的孩子虽然吃饭不多，但是身体却长得非常胖。孩子之所以出现这些异常的身体状况，就是因为他们本末倒置，摄入了太多的垃圾食品和零食，没有养成定时定量吃饭的好习惯。当孩子习惯于和父母一起在固定的时间坐在餐桌前吃饭，那么他们就会渐渐地形成一种意识：吃饭就是要和全家人坐在餐桌旁，在固定的时间里吃饭。坚持这样做还有一个好处，就是孩子会有一个正式的用餐环境，也可以通过观察学习到用餐的好习惯。

第二种饮食习惯是在吃饭的过程中不要离开餐桌。一岁多的孩子已经具备了独立行走的能力，他们对于周围的世界充满了好奇，在家庭生活中，哪怕只是家里多了一套新的碗筷，孩子也会觉得很有趣。孩子专注力保持的时间也非常短暂，他们一边吃饭一边还惦记着没有玩完的玩具，有时吃两口饭就会跑去玩玩具。也有的孩子一边吃饭，一边惦记着还没看完的电视，才吃了几口饭就会跑去看喜欢的电视节目，不能专心吃饭。

有些父母为了防止孩子吃几口就离开餐桌，会把孩子抱在怀里给孩子喂饭。匆匆忙忙地把孩子喂饱了饭，就让孩子去玩了，而父母在坐在餐桌前继续吃饭。实际上这样的做法是错误的，如今市面上有专门的儿童餐桌椅售卖，可以给孩子准备一套专门的儿童餐椅，再给孩子准备一套非常好玩有趣的餐具，吸引孩子吃饭。孩子坐在餐桌前就像一个小大人那样和全家人一起用餐，他会觉得自己是家庭的重要成员，也会有更好的用餐表现。

第三种饮食习惯是要让孩子营养均衡，不挑食，不偏食。

很多孩子都有挑食偏食的坏习惯。如果孩子总是吃几种特别的食物，而不能摄入全面的营养，那么他们的身体就无法健康地成长。当孩子不喜欢吃某一种食物的时候，有些父母就再也不会做这个食物给孩子吃。这种做法是错误的，这会助长孩子偏食和挑食的坏习惯。正确的做法是当发现孩子不喜欢吃某一种食物之后，在下一次做这种食物的时候，可以采取其他烹饪方法改变食物的形状或者颜色、味道，这样一来，孩子说不定就能够接受这种食物。此外，有的父母会有一些饮食的偏好，如

果负责做饭的人只做自己喜欢吃的饭菜,这也会导致孩子出现偏食和挑食的情况。对于有孩子的家庭来说,一定要保证均衡的营养,父母在做饭的时候也应该使食材更加丰富,这对于帮助孩子培养良好的饮食习惯是非常有好处的。

　　形成了这三大良好的饮食习惯之后,孩子在吃饭方面的问题就解决了一大半。民以食为天,吃饭对于孩子是非常重要的,在吃饭的过程中,孩子还会有各种问题,父母也需要特别注意。例如,有些孩子吃饭的时候会感到很乏味,他们会故意捣乱,在这种情况下,父母最好假装没有发现他们的捣乱行为,渐渐地,他们就会有所收敛。当孩子没有食欲的时候,父母不要强求孩子吃,更不要追着孩子喂给孩子吃,否则孩子就会吃得三心二意,下次还会这么做。其实当孩子不愿意吃饭的时候,有时父母可以让孩子饿一顿,并不会对孩子造成很大的伤害,这样下一顿孩子吃饭的时候就会很香。此外,还需要控制孩子吃零食的数量。在两餐之间可以给孩子吃一些水果,或者是喝一些纯牛奶、酸奶等,尽量少给孩子吃蛋糕、面包等高热量的食物。

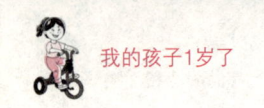

家有"夜哭郎"

　　一岁多的孩子有时在睡觉的时候会突然从睡梦中惊醒，然后不停地哭泣，非常闹人，这就是医学上所说的儿童夜惊症。通常情况下，孩子在睡觉一两个小时之内就会出现夜惊的情况。他们仿佛做了噩梦或者是受到了惊吓一般突然醒来，哭闹不止，而且身上会出冷汗，呼吸也会非常急促。在这种情况下，哪怕父母马上抱起孩子，耐心地哄着孩子，孩子也不会马上停止哭泣。但是在几分钟之后，孩子自己就会停止哭泣，而且第二天他根本不知道头一天晚上发生的事情。即使父母对他提起这件事情，他也毫无印象。有些孩子只是偶尔出现夜惊的情况，而有些孩子则经常会出现夜惊的情况。对于那些经常出现夜惊的孩子，父母会感到非常焦虑，担心孩子是在白天受到了过度的惊吓，或者是在心理上出现了问题，实际上，对于孩子来说，这是非常正常的现象，等到孩子过了两岁之后，这样的现象就会逐渐消失。所以父母不要为孩子夜惊的现象过分担忧，要怀着平静的心态去面对。

　　虽然夜惊是孩子成长过程中正常的现象，但是如果孩子经常夜惊，不但会影响自己的睡眠，也会影响父母的睡眠。那么，父母应该如何做，才能避免孩子夜惊呢？

首先，在睡觉之前为孩子营造良好的睡眠环境，不要让孩子做剧烈的运动，也不要对孩子进行一些强烈的刺激，否则孩子的大脑会过度疲劳，更容易产生夜惊的现象。

其次，白天在带养孩子的过程中，也尽量不要让孩子受到惊吓。如果孩子在白天受到了严重的惊吓，那么在夜晚睡觉的时候就很容易做噩梦，因为做噩梦而哭醒，对孩子来说也是常见的事情。

当孩子发生夜惊的时候，父母要第一时间就给予孩子安抚，可以把孩子抱在怀里，让孩子感受到父母温暖的怀抱，这样孩子的情绪就会渐渐平静下来，停止哭闹。在没有特殊情况的时候，孩子慢慢地就会恢复平静，重新进入酣甜的睡眠。

有些父母觉得是因为孩子身体虚弱，才会有夜惊的情况，所以他们会采取中医的方法为孩子进行调养。实际上，盲目地使用中医的方法来调养孩子的身体，未必对孩子有利。专业的儿科医生认为，当孩子发生夜惊啼哭的情况时，只要抱起孩子来哄着孩子，等到孩子渐渐地恢复安静，再次入睡就可以了。但是有些父母面对频繁夜惊的孩子非常着急，他们不能等待这个过程自然地渡过，所以就会想方设法地帮助孩子。这种积极的方式也许能够缓解孩子夜惊的情况，但并不能起到明显的效果。需要注意的是，在带着孩子求医问药的时候，一定要选择那些有资质的正规医院，不要听信江湖游医的话，毕竟孩子的身体健康才是第一位的。

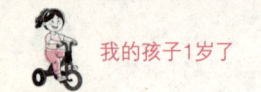

从中医的角度来看，孩子如果身体上出现以下问题，确实会导致夜惊。例如，孩子心火旺盛，脾胃虚寒，或者是受到惊吓，这些都会使孩子心神不宁，夜晚出现惊吓啼哭的情况。有些孩子嘴巴里有口疮，感到非常疼痛，夜里也会啼哭不止，但是父母比较粗心，可能并没有注意到孩子口中的炎症，因而就对孩子的哭泣感觉莫名其妙。父母要随时用心地观察孩子的异常表现，如果发现孩子流口水，那么就要观察孩子口腔内是否长了口疮；如果孩子已经好几天没有进行大便了，那么他们有可能是因为便秘而导致胀气，也会出现夜惊的情况。总而言之，孩子的成长过程中会遇到各种问题，父母要非常用心地陪伴孩子，也要细致地观察孩子各个方面的表现，这样孩子才会更快速地成长起来。

一切问题只有找到病症才能够对症下药，如果不能找到病症，只是盲目地病急乱投医，那么就会导致非常糟糕的结果。所以在孩子的一切问题上，父母都要本着科学的原则，为孩子寻求积极的方法去解决问题，这对于孩子才更有帮助，也更有效果。

第 06 章
1岁孩子的心智启蒙——初步培养孩子的认知能力

　　一岁的孩子正处于认知能力发展的关键时期，父母要抓住这个阶段对孩子开展心智启蒙，初步培养孩子的认知能力。很多时候，妈妈在孩子的教育过程中承担着非常重要的角色。如果妈妈很乐意与孩子沟通，孩子往往就更加聪明和灵活机智。如果妈妈不愿意与孩子沟通，那么孩子就会失去一个与外界沟通的重要渠道，甚至会表现出发展滞后的情况。父母承担着教育孩子的重要责任，只有更多地关心孩子，才能够与孩子之间形成更好的交流与互动，也才能够为孩子开启观察和认知世界的大门。

了解孩子是如何学习语言的

很多父母都很重视对孩子语言能力的培养，但往往对孩子语言能力的发展并不满意。那么，父母如何才能提升孩子的语言表达能力，让孩子在语言学习方面有更加突出的表现呢？首先，父母要理解语言的本质。语言并不是一种技能，其本质是一种工具。人类之所以要说话，就是为了通过语言来表达自己的意思。对于很多自闭症儿童来说，他们可能在一天之中会喋喋不休地说很多话，但是他们这些话都是对着自己或者对着某些玩具，以及其他的物件说的，这使他们说出来的话并不能起到表情达意及传递信息的作用，所以自闭症儿童不管说多少话都不能正常地与人进行交流。这就使语言失去了其作为工具最根本的作用。

在了解了语言的本质之后，父母要了解孩子是如何听懂语言的。在一岁之前，孩子还不能够很顺畅地说话，他们大多数时候都在听周围的人说话，其实这是一个积累的过程。他们通过听学习更多的词语和句子，也许积累到一定程度的时候，他们的语言表达能力就会有质的飞跃，从只能听到拥有表达的能力。知道了孩子是如何学习语言的，那么父母在和孩子沟通的时候，就要以更加清晰准确的语言向孩子表达。父母想让孩子知道鸡蛋这个词语,就可以在提到鸡蛋这个词语的时候特意和孩子强调,例如,让孩子去冰箱帮妈妈拿一个鸡蛋,拿着鸡蛋问孩子鸡蛋好吃不好吃,在吃饭的时候问孩子吃鸡蛋有什么好处,和孩子一起去参观动物园的时候,告诉孩子很多动物都和鸡一样会生蛋,让孩子知道除了有鸡蛋,还有鸵鸟蛋、乌龟蛋等。这样孩子对鸡蛋的理解就会更加深刻,也知道了不同的动物会下不同的蛋。

这个过程一定是反复的,因为孩子的理解能力还没有那么强,不可能听父母说一遍这个词语之后马上就记住。但是这个过程是非常有意义的,在反复的过程中,父母让孩子知道了这个词语的发音,也让孩子理解了词语的意义。随着练习的次数越来越多,孩子就能够把这个词语准确地表达出来。

语言表达能力对孩子来说非常重要。倾听,对孩子来说就是一个输入和积累的过程,在实现了这个过程之后,下一步就是要帮助孩子学会说话。细心的父母会发现,每个孩子的语言发育速度是不同的,这取决于孩子先天的语言能力及后天的环境影响。如果孩子天生就伶牙俐齿,那么他说话自然会更早一些,也会更加清晰。而如果孩子天生就木讷寡言,而且性格也非常内向,那么他们说话的速度就会相对更慢,语言能力的发展也会略显迟缓。

除了先天因素的影响之外,后天环境对孩子的影响也是非常大的。有一些父母本身就不太爱说话,平日里习惯沉默,在

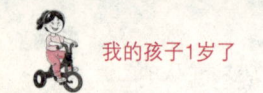

带孩子一起玩的时候也不吭一声，受到父母的影响，孩子大多也不爱说话；有的父母本身就非常喜欢沟通，他们即使面对陌生人，也能找到话题和陌生人开始攀谈，更别说在面对孩子的时候。有些妈妈在孩子很小的时候，就开始喋喋不休地和孩子说话，在这样的过程中，孩子会快速地成长，妈妈的语言对孩子的语言能力发展起到了很大的促进作用。对于父母而言，要想促进孩子提升语言表达能力，就要为孩子营造适合学习语言的环境。

在亲子相处中，孩子示意父母某一件事情，他们马上就能领会，在孩子说出自己真正的需求之前，就心有灵犀地主动满足孩子的需求。这样一来，孩子就没有机会说出自己的话。其实父母陪伴孩子要更有耐心一些，当看到孩子有某些需求的时候，要等着孩子把需求说出来。例如，父母明明知道孩子要喝水，不要直接把水递给孩子，而是要在孩子说出水之后再把水递给孩子，这样可以强化孩子的语言表达能力。当然，有的孩子说话的语速很慢，在此过程中，父母要有耐心，不要随意打断孩子的表达，更不要急不可待地终止孩子说话。

在和孩子沟通的过程中，父母要做一个耐心的倾听者，始终专注地倾听孩子，这会让孩子觉得自己受到了尊重，会产生更大的兴趣去表达。也有些父母在给孩子讲故事的时候，还会穿插地对孩子提出一些问题，这样会影响孩子对故事整体的鉴赏，也会影响孩子的理解能力和表达能力的发展。其实父母在讲故事的过程中不需要过多地提问孩子，因为有时父母不知道孩子的能力达到什么程度，提出过难的问题就会挫伤孩子的积极性。如果父母很清楚孩子的能力达到了什么程度，那么就能在恰当的时候对孩子提出恰到好处的问题，激发孩子的思考能力。所以在和孩子沟通的时候，父母提出问题一定要慎重。

一岁多的孩子，他们说起话来可能结结巴巴，还不能够说得很清楚。在这种情况下，为了帮助孩子准确地发音，并且理解某一个词语的意思，父母可以重复孩子的话。不过，重复孩子的话是有技巧的。例如，孩子说出了水这个字，那么父母要如何重复孩子的话呢？单纯重复水这个字显然并不能够起到促进孩子学习的作用，父母在重复孩子的话时可以把这个字变成一句话来进行重复，这样就赋予了这个字更多的意义。可以问孩子"你想喝水，对不对""你想喝凉水，还是想喝温水"。虽然这些对于成人而言只是非常简单的问题，但是对于孩子来说，哪怕只是一个小小的思考，都是很大的进步。所以，父母要注重给为孩子创造这样的机会。

孩子点点滴滴的进步都蕴含着父母的用心良苦，在陪伴孩子成长，引导孩子进步的过程中，父母一定要坚持做好点点滴滴的细节，这样才能激发孩子产生更浓厚的学习兴趣，也才能激励孩子不断成长。

帮助孩子提高词汇量

如果把语言表达看作一个流程，那么倾听就是输入的过程，而表达就是输出的过程。孩子要想有内容可以输出，就一定要积累很多的词汇，做到心中有内容。所以，父母要想提升孩子语言表达的能力，就要帮助孩子提高词汇量，就像建造一座高楼大厦需要大量的水泥、砖瓦一样，孩子要想说出一个很长的句子，就要有足够的词汇量作为基础。

新生儿从出生开始，就在父母无微不至地照顾下成长，他们在无形之中就会学习父母说话的方式。如果父母对孩子总是说一些非常生硬的话，或者带着负面的情绪，那么，渐渐地孩子也会养成这样负面表达的坏习惯。如果父母对生活满怀热爱，总是说一些美好的语言，那么，孩子在语言表达方面也会受到父母积极的影响，更喜欢说一些充满希望的话，对人生充满了热情，对生活充满期待。

父母不要抱怨孩子说话太晚，或者抱怨孩子说话惜字如金。当羡慕别人家的孩子能够流利地说出长句子时，父母首先要反思自己对孩子是如何说话的。如果父母对孩子说话总是一字千金，非常吝啬对孩子进行生动地表达，那么就不要奢望孩子也能够伶牙俐齿，能说会道。正如人们常说的，父母是孩子的老师，孩子是父母的镜子。其实孩子身上不管出现什么问题，根源都在父母身上，因而要想改变孩子，父母就要从改变自己开始做起。

孩子在一岁之后就可以开始学习造句了，前提是父母要激发他们表达的欲望，让他们愿意表达。如果父母和孩子之间总是说那种电报式的语言，很少去激发孩子表达的欲望，那么孩子就会渐渐地习惯电报式表达，而不愿意说更长的句子。父母可以经常问孩子"为什么""怎么了"这样的开放式问题，这是一个非常好的习惯。当父母问孩子怎么了的时候，孩子就会调动起自己已经积累的词汇，尽量向父母做出明确的解释。在此过程

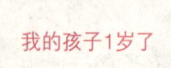

中，他们就会尝试着组合更长的句子来表达自己的意思。

也有些父母会矫枉过正，对孩子说很多特别长的句子。实际上，对一岁多的孩子来说，句子的长度以三四个词语构成为最佳，这样既有利于孩子理解，又有利于培养孩子的语言能力。如果父母经常看孩子的绘本，就会发现给孩子看的绘本中很少有那种又长又复杂的句子，大部分是以短小精悍的句子为主。这种简明扼要的表达方式符合孩子的理解能力，能够让孩子更加深刻地记住，并且便于孩子模仿和学习。

在和孩子说一些比较长的句子时，父母应该注视着孩子的眼睛，及时地对孩子做出回应。有很多父母在和孩子说话的时候，总是忙于做手里的事情，这会让孩子感到非常挫败。实际上，目光的沟通对于表达效果的保证也是非常重要的。当孩子不能理解父母所说的话是什么意思，看着父母的眼睛，他们就会更容易理解父母真实的意思。所以如果孩子有欲望与父母沟通，不管父母手里正在忙着什么，那么父母都应该及时放下手里的东西，停止手中正在做的事情，看着孩子的眼睛，专注地与孩子进行沟通，这样的回应会让孩子对语言表达更感兴趣。

要想帮助孩子提升词汇量，还有很多有趣的方式。父母可以通过游戏的方式增强孩子的词汇量，比如指着脸上的某一个器官，让孩子说出这个器官的名字。再如，让孩子在家里找出常用的某一种东西。还可以和孩子一起唱儿歌，给孩子讲故事，教孩子认识各种物品，这些方式都是非常好的。有些孩子对大人打电话非常感兴趣，父母就可以和孩子玩打电话的游戏，这样会使孩子更愿意表达，也通过设想出很多情节，让孩子的表达更加准确到位。

当然，要想增强孩子的词汇量，最好的方式莫过于让孩子阅读，虽然对于一岁多的孩子来说，他们还不认识字，也不能够做到阅读文字，但是还是有很多适合他们阅读的绘本，以及小孩子撕不烂的布书，都是不错的选择。

对于大部分一岁半的孩子来说，他们已经可以准确地说出自己的姓名，这对他们来说意义非常重大。当他们能够说出自己的姓名时，会非常自豪、骄傲，也会产生成就感。所以，父母可以经常喊孩子的名字作为对孩子的回应，这会让孩子意识到他是独立的生命个体，也会对于自己更加重视。

父母要关注孩子说话晚的问题

　　靠着动嘴皮子发出声音并不是真正意义上的说话，真正的说话要以沟通为目的，能够与他人进行交流。对于孩子来说，说话还是有一定难度的，说话要表情达意，要能够表达孩子的想法，也能够向他人传递信息。很多父母都对孩子说话晚的问题表示非常担心，其实每个孩子说话的时间有早有晚，这是由每个孩子的身体发育和心理发育决定的。父母无须为此感到焦心，只要耐心地等待，就可以发现孩子突然有一天就能够流畅地说话了。

　　但是，如果孩子在到了两岁之后还不会说话，父母要注意观察孩子的大脑发育是否是正常的，身体各方面的发育是否正常。有一些孩子的确因为身体或者智力上的缺陷，使得语言发展能力严重滞后，与此同时，他们的认知能力、社会性等方面也都不能正常发育。在这种情况下，父母要非常重视，要及时带孩子寻医问诊，进行全面检查，更有效地帮助孩子。

　　在一岁之前，在认知能力和社会性方面，孩子并没有太明显的发展，所以他们的个体差异也没有表现得那么突出。有一些孩子之所以说话晚，就是因为语言发展相对比较晚，而并不意味着他们真的有问题。只有很少数的孩子会出现语言发育迟缓的情况，那么，这种情况也会伴随着其他的问题发生和出现。所以当发现孩子说话晚的时候，父母还是应该给予重视，要排查三个方面的问题。首先要看看孩子的听觉发展是否正常；其次，要看看孩子的认知发育是否有迟缓现象；最后，要确定孩子的情感发育及社会性和同龄孩子之间是否有明显的差距。在排除了这三个问题之后，如果认为孩子的发展一切正常，那么就等着孩子开口即可。

达达已经一岁八个月了，但是他还不会说话。他的邻居恩熙虽然才一岁半，但是已经能流畅地表达了。恩熙不但会说很多的词语，而且还能说短句子。看到恩熙在语言能力发展方面这么好，而达达在语言能力发展方面却这么滞后，达达妈妈感到非常担心。

经过对达达一番细致的观察，妈妈发现达达吃饭很香，睡觉也睡得很好，身体特别健康，应该是没有身体方面的问题，那么，达达是否在其他方面存在问题呢？妈妈带着达达去看了医生，医生在对达达进行了全面的检测之后，确定达达并没有出现异常情况，因而让妈妈耐心等待。果然才过去一个月，达达就能说话了。看到达达张口就语出惊人，说出来的句子甚至比恩熙所说的句子更长，妈妈感到非常高兴。

当发现孩子说话晚的时候，父母还是要引起重视的，毕竟有可能是语言发展相对比较滞后，也有可能是因为各种异常的现象导致的。通常情况下，孩子在两岁之前说话都是正常的，

如果孩子已经过了两岁还是不会说话，那么一定要及时带着孩子就医。

虽然有些问题会出现在比较明显的地方，但是有些问题却具有一定的隐蔽性，例如，大多数孩子虽然说话晚，但是他们心里是非常明白的，可以用表情和肢体语言来表达自己的意思。而有的孩子则显得非常呆滞，这说明他们很有可能听力方面有问题。也有一些孩子在与人相处的时候，眼神涣散，不能够理解别人所说的话是什么意思。当孩子有这样的表现时，父母要考虑到孩子的情感发育是否滞后，社会性发展是否能够跟上年龄的增进，如果发现孩子有问题，就要及时对孩子展开干预。

1~2岁孩子的大脑发育信号及认知能力的发展过程

每次带着君君去商场或者超市，妈妈都非常紧张，因为君君到了商场或者超市之后，总是直奔玩具的摊位，看到喜欢的玩具就死死地抱在怀里，再也不愿意撒手。但是当把这些玩具买回家里之后，他顶多玩十分钟，就会把玩具放在一边，连看都不愿意再看一眼。这让妈妈非常抓狂，毕竟现在的婴幼儿玩具都价格不菲，如果玩具在君君手中就是这样一次性的用品，那么到底要买多少玩具才能满足他对新鲜感的追求呢？

了解了君君对玩具的十分钟热情之后，妈妈再带君君购物的时候，看到君君选中喜欢的玩具，就很犹豫是否要把这个玩具买下来。尤其是在玩具的展示柜面前，君君总是拿起这个玩具又丢掉那个玩具，就像小猴子摘西瓜一样不停地换各种各样的玩具，很快在他身后就会散落一堆玩具，这让妈妈非常尴尬，不得不跟在他身后收拾玩具。

有的时候妈妈带君君去朋友的家里，君君的表现也让妈妈觉得很丢面子。君君一点儿都不听话，到了朋友家里之后，就像在自己家里一样自由，总是拿各种东西，还随处乱放。有的时候朋友答应要把君君喜欢的玩具送给君君，但是君君到离开的时候却已经对这个玩具感到厌烦了。看到君君的想法这么善

我的孩子1岁了

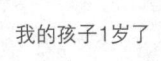

变，朋友也不知道应该送给君君哪一个玩具，只好任由君君自己选择。有一次，君君把朋友家小弟弟最喜欢的一个玩具霸占了带回家，但是回到家里之后，这个玩具很快就蒙上了灰尘，因为君君一次都没有玩过。

孩子要发展认知能力，需要有一个积累的过程，他们只有完成了这个积累的过程，才能够了解世界上的各种事物，也领悟到各种事物之中蕴含的原理。实际上，当父母觉得孩子非常闹腾，一刻也停不下来，对于每一个事物都保持着十分钟的热情，并且从来不顾及后果的时候，正是孩子在主动自发地进行学习的时候。

对孩子来说，他们并不愿意接受父母已经获得的经验，他们只想通过自己的亲身实践来认知各种事物的性质，来验证自己做出某种行为会引起怎样的后果。例如，一岁多的孩子很喜欢把各种各样的东西扔到地上，他们发现有些东西在扔到地上之后会摔碎，而有些东西只会弹到很远的地方，即使在地上蹦了好几下，也不会被摔碎。然后，他们会再去触摸这些东西，会发现被摔碎的那些东西往往是非常坚硬的，而不会被摔碎的东西，却往往是非常柔软且富有弹性的。正是在这样不断尝试的过程中，孩子积累了丰富的知识，对于各种事物的认知越来越深刻和全面。

对于正在积极学习的孩子，父母很有必要做一些事情来帮助孩子了解这个世界，给孩子创造机会，让孩子积极地去尝试。当孩子获得了自己希望出现的结果之后,他们就会更加充满动力和欲望地去进行新的尝试。这就是孩子行动的动机。很多孩子都有再试一次的想法,这使他们在遭遇困难和挫折的时候也不会轻易放弃,这也就是前文所说的孩子是非常固执的心理成因。

当然,要发展认知能力,是需要有其他能力作为基础和支撑的。孩子天生就很善于模仿,他们在模仿的过程中也会进行学习。除此之外,孩子还会在认知上产生质的飞跃——理解了对象的延展性。所谓对象的延展性,就是如果说孩子之前看不到一个东西,就以为这个东西是不存在的,那么到了一岁多之后,孩子会认识到,即使一个东西不在他们的眼前,这个东西也是存在的。例如,妈妈把孩子最喜欢玩的摇铃藏了起来,孩子会四处寻找摇铃,这就说明,孩子知道摇铃只是被放在了某一个他看不到的地方,但是是一直存在的。

在认知上有了这种质的飞跃后,孩子在认知能力发展的过程中就会有更明显的改变。在认知世界的过程中,孩子的大脑发育也会更加迅速。实际上,孩子的大脑发育与认知能力的发展是相互促进、相辅相成的,所以妈妈不但要重视孩子认知能力的发展,也要注重捕捉孩子的大脑发育信号。只有把这两者结合起来,在必要的时候给予孩子最好的刺激和引导,孩子才能够快速成长。

借助游戏提高孩子的认知能力

孩子的天性就是喜欢玩,如果能够借助于游戏来提高孩子的认知能力,将会起到非常好的效果。在选择游戏的时候,父母应从孩子的实际情况出发,精心选择那些能够引起孩子兴趣,也能够发挥出效果的游戏。如果游戏只能起到良好的效果,但是孩子却并不喜欢玩,那么这个效果就是空头支票;如果游戏虽然能够激发孩子的兴趣,但是却不能起到良好的效果,那也就仅仅具有娱乐的作用。

在选择游戏的时候,要考虑到孩子认知发育的水平,根据孩子认知发育的具体水平来确定陪伴孩子玩什么游戏。在一岁半到两岁期间,孩子主要是靠着模仿的方式来进行学习的,所以父母不要对孩子提出过于苛刻的要求。有些父母迫不及待地希望孩子小小年纪就表现出创造性,实际上这对孩子而言是不合理的,如果孩子能够通过做游戏的方式变成模仿大王,把很多事情都能够模仿得惟妙惟肖,那么孩子就是非常厉害的,他的学习力也是非常强的。

具体来说,父母可以和孩子做以下游戏。第一种游戏是搭积木的游戏。搭积木需要用到手部的精细动作,对于不到一岁的孩子而言,他们很难把两个小木块儿搭在一起,但是在孩子

1岁孩子的心智启蒙——初步培养孩子的认知能力

进入一岁之后,他们的手指可以做精细动作。父母可以当着孩子的面把一个小方块儿放到另外一个小方块儿上让孩子模仿。这个动作对孩子而言虽然具有一定的难度,但是孩子还是可以做到的。妈妈可以给孩子多示范几次,在潜移默化中,孩子就会开始学习妈妈的动作,模仿妈妈的样子去做。

进行一段时间这样的练习之后,父母就可以再做一些更难的搭积木游戏,例如摆一个造型简单的小汽车,或者是搭一个高高的小楼房。这虽然对孩子来说难度更大了,但是因为有一个循序渐进的过程在里面,所以孩子也不会非常排斥和抵触。当然,有些家长本身的空间想象力不好,并不能够用积木搭出很多造型,那么可以多看一些关于搭积木的书籍,来帮助自己开启思路,也为孩子做出更好的示范。

如果家里没有积木或者其他玩具,那么父母也可以把自己变成一个表情包,做出各种各样的表情来让孩子模仿,这是轻而易举、顺手拈来的事情。父母只需要与孩子面对面地坐在一起,对着孩子做出各种各样的表情,让孩子模仿就可以。在这种情况下,当父母做出搞怪的鬼脸时,孩子很有可能会哈哈大笑,这不但能够让孩子的心情保持愉悦,还可以调动孩子脸部的肌肉,让孩子脸部的肌肉更加灵活。长期进行这样的游戏,孩子的表情会越来越丰富,他们还能够用表情来表情达意呢!

在日常生活中,即使不专门进行表情模仿的游戏,爸爸妈妈也可以让自己的表情更加丰富。有一些家长非常严肃,在面

对孩子的时候，总是不苟言笑，这会让孩子感到很压抑。生活是那么美好，又有很多有趣的事情，父母如果能够以丰富的表情面对孩子，孩子就会感到非常轻松和愉快。

如今，适合一岁多的孩子玩的游戏非常多，也有各种各样的玩具。如果爸爸妈妈想让游戏的种类更加丰富，还可以为孩子购买一些相关的益智类玩具，例如穿珠子的玩具、折纸的玩具、扔球的玩具等。这些玩具对于一岁多的孩子来说都具有吸引力，也会让他们感觉很新鲜。比如穿珠子，就是拿一根线把中间有孔的珠子穿在线上，刚开始的时候，孩子也许不知道要怎么做才能把珠子穿在线上，也不知道如何把珠子从线上取下来，爸爸妈妈可以当着孩子的面多示范几次，甚至可以拿着孩子的手引导着孩子完成这个动作。只需要几次，孩子对这个动作就会了然于心，也会很乐意去完成这个动作。

折纸游戏对于一岁多的孩子而言是比较困难的，因为折纸需要非常精细的手部动作，所以孩子要想把纸折得非常好是比较困难的。但是折纸游戏能够锻炼孩子手部的肌肉，让孩子手部运动更加灵活，为孩子将来做更精细的动作做好准备。除此之外，折纸游戏也需要孩子集中注意力，对于培养孩子的专注力也是非常有好处的。

很多孩子都喜欢玩球球，圆圆的球球会在地上滚动，而且孩子并不能够预知球球要滚到哪个方向。这样的未知，使球球游戏充满趣味性。当然，孩子才一岁多，不可能接住父母扔

第 06 章

1 岁孩子的心智启蒙——初步培养孩子的认知能力

过来的球,为了避免孩子被球砸到,父母可以把球放在地上滚动,这样孩子就能够抓到球,会感到非常开心。当然,也有一些孩子喜欢父母把球扔过来,父母可以在空旷开阔的地方,尝试着和孩子做这样的游戏。

　　游戏的种类是非常丰富多样的,还有的孩子特别喜欢画画,他们并没有明确的目的,只是随心所欲地画。也许他的画只是一些简单的线条,也许他画的东西根本不成形,但是只要

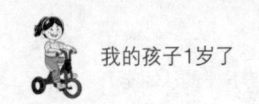

孩子能够拿着笔在纸上划出痕迹来，对于孩子来说就是莫大的成功。父母不要对孩子寄予过高的期望，要根据孩子的能力来设定孩子可以达到的目标。对于父母而言，要想让一岁多的孩子保持旺盛的学习力，就要这样激发孩子对学习的兴趣，也要保持孩子对学习的热情，这才是最重要的。

通常情况下，孩子们都很喜欢玩沙和水，所以，父母还可以带孩子去有山有水的地方玩，这会让孩子感受到更大的乐趣。沙和水都是没有固定形状的，拥有很多的可能性。孩子喜欢用沙堆砌城堡，也喜欢用水来打水仗。在和孩子一起玩的过程中，父母也会童心大发，感受到孩子的快乐。

上述的这些游戏，诸如搭宝塔的游戏、串珠子的游戏等，都很受孩子欢迎。孩子天生就喜欢玩游戏，当父母陪伴孩子一起玩耍的时候，原本简单的游戏也会变得更加有趣。所以父母要教会孩子玩游戏的好方法，这对孩子来说是非常好的，既得到了快乐，也收获了成长和进步。

在玩中学能够让孩子感到轻松快乐，也在不知不觉中爱上了学习。在学的过程中，玩既会让孩子体验到玩耍的乐趣，也会让孩子感受到学习的魅力。对于年幼的孩子来说，只有把玩跟学习结合起来，他们才能够坚持学习，坚持进步和成长。父母也可以根据孩子的特点和兴趣爱好，开发出更多适合孩子游玩的游戏。这些为孩子量身定制的游戏，自然能够起到更好的效果。

如何进行亲子阅读

让一岁多的孩子坐下来,安安静静地看书,这是一件非常难的事情。因为一岁多的孩子注意力分散,常常会被很多事物吸引住,也许才读书几分钟,心思就从书本上转移走了。除了这些因素之外,孩子很喜欢把拿到的东西都放到自己的嘴巴里咬,如果看书时父母不陪伴着孩子,或者不认真看护着孩子,孩子就很有可能把书放在嘴里咬,这对孩子而言是非常危险的。但是如果孩子对图书不感兴趣,这又该怎么办呢?对于一岁多的孩子来说,父母的陪伴是很有效的。父母要想方设法地激发孩子对阅读的兴趣,让孩子把专注力放到书上,培养孩子热爱阅读的好习惯。

具体来说,如何才能够进行亲子阅读呢?

首先父母要为孩子创造一个良好的阅读环境,要在家里为孩子准备一些书。如果孩子从没有看见过书,他怎么可能爱上读书呢?很多育儿专家会向父母推荐一些适合一岁孩子看的书,这些书色彩鲜明,形象生动,能够吸引孩子的注意力,会让孩子在阅读时获得较好的阅读体验。在陪伴孩子进行阅读的时候,父母可以指着这些书,让孩子认识一些图形或者事物的形象,发展孩子的认知能力。例如,指着书上的苹果告诉孩子这是苹果,指着书上的汽车告诉孩子这是汽车,指着书上的大楼告诉孩子这是大楼。虽然这些东西都是非常简单常见的,但是对于一岁多的孩子而言却是非常新鲜的,在此过程中,孩子也能够记住很多东西。

其次,父母在陪伴孩子进行亲子阅读的时候,要关注孩子的注意力,培养孩子的专注力。一岁多的孩子注意力能够集中的时间是非常短暂的,有些父母总是以成人的标准来要求孩子,他们会长时间地给孩子讲故事,甚至超过一个小时。在这样的情况下,孩子会感到疲惫和乏味。通常,一岁多的孩子注意力只能保持几分钟的时间,在给孩子阅读书籍的时候,父母千万不要语调平缓,面无表情,而是要以夸张的表情向孩子讲述那些故事,尤其是要强调文字的节奏。在这样的过程中,孩子会被书中的情节所吸引住,也会对书中的人物有更加形象的认知,使阅读的趣味性大大增强。父母在调动起孩子的阅读兴趣之后,就要抓紧时间向孩子介绍书上的物品,引导孩子认识书上的物品。虽然每次读书只能够坚持十分钟左右的时间,但是只要能够坚持不懈地去做,渐渐地孩子就会对阅读产生兴趣。

孩子的人生阅历和经验是有限的,毕竟孩子不可能去到世界的每一个角落,但是读书却有神奇的魔力,可以让孩子足不出户就认识整个世界。孩子通过书本可以认识到比家庭更为广阔的环境,也可以通过阅读来认识比家庭生活更丰富、更有趣的生活。读书越多,孩子的眼界就越开阔,孩子对于世界的认知也就更加深刻、自然，父母对孩子的教育也会开展得更加顺利。尤其是在给孩子讲述图书的过程中，父母会与孩子进行简单的沟通，这样能够对孩子形成语言刺激，有利于孩子的语言能力发展。

再次，在陪伴孩子进行亲子阅读的过程中，父母还需要注意对孩子的阅读不要抱有急功近利的心态。孩子的成长需要一个过程，如果父母对孩子的成长过于急迫，希望孩子在第一时间就能够取得丰硕的成果，这显然是不现实的。父母可以在家里为孩子布置一个小小的图书角，在这个图书角里放置孩子的玩具和书籍，这样孩子在这个图书角玩耍的时候就可以在玩玩具感到腻烦的时候抽出书本来看一看。刚开始的时候，孩子并不会有意识地看书，只会把书当成一种玩具，看书中的彩色图片。随着与书本接触的次数越来越多，他们会越来越喜爱书本。父母尤其要坚持的一个原则是在亲子阅读的最初阶段，保持正确的目的，培养孩子的阅读兴趣，让孩子对书本产生浓厚的兴趣，培养孩子养成良好的阅读习惯。

最后，父母要有意识地强化孩子对于图书的概念。例如，妈妈可以让孩子帮忙打开书柜，爸爸可以让孩子帮忙拿一本书，这样孩子就会认为阅读是生活中必不可少的一件事情，从而更加喜欢阅读。在和孩子一起阅读的时候，父母应该和孩子保持一个比较恰当的姿势，使孩子能够很方便地看到图片，父母能够很方便地看到文字，最好的方式就是像袋鼠妈妈抱着小袋鼠一样，把孩子抱在怀里，这样和孩子进行阅读的时候，父

母和孩子的视线都不受到遮挡，此时阅读的感受是很好的。

提起阅读，很多父母就会把阅读和学习联系起来，他们希望孩子在最短的时间内阅读最多的书，这样一来就能够吸收很多的知识。其实这样的想法是错误的。一岁多的孩子在阅读一次之后，并不能对一本书的内容产生深刻的印象，那么父母可以反复读一本书给孩子听。对于一岁多的孩子来说，重复是一个非常重要的过程，不但是强化的过程，也是他们学习和积累的过程。有的时候孩子觉得某一本书特别有意思，也会反复地读这本书，或者要求父母为他们讲这本书，这说明他们已经对这本书产生了兴趣。父母一定要支持孩子这样的做法，也要积极地为孩子讲述这本书。这样孩子才能对这本书形成深刻的印象。读书不在于多，而在于精，当发现孩子对某一本书兴趣浓厚的时候，父母应该感到高兴才对，而不要强求孩子走马观花式地读更多的书。

现在的图书市场细分得非常规范，有很多书籍是适合一岁孩子阅读的。例如，孩子可以阅读那些童话类的书籍，还可以看看认识某些物品的书。古人云，开卷有益。只要孩子所读的书是积极正向的，那么就会对孩子产生很强的学习推动力。

一岁多的孩子非常喜欢韵律，节奏感也比较好，父母可以给他们朗读一些诗歌，在这些文字里有很多优美的词语，读起来朗朗上口，而且这些诗歌往往会营造非常优美的意境，对于培养孩子的情操，对孩子进行人文教育都是非常有好处的。

第 07 章

1岁孩子的情商培养——让孩子的内心从小就装满爱

近几年来,情商越来越受到重视,虽然只是一岁的孩子,也需要情商培养。父母只有从小培养孩子的情商,孩子将来才能够具有人文情怀,也才能够充满博爱,不但爱自己,也更爱这个世界,不但爱身边的亲人朋友,也爱那些不相干的人。这样心怀大爱的孩子,人生会充满温暖和爱意。

孩子需要怎样的自由

　　一岁多的孩子终于会走路了，这让爸爸妈妈悬着的心放了下来。然而，看到孩子蹒跚学步，走到他们想去的地方，爸爸妈妈又有了新的烦恼。因为如果一眼看不到孩子，孩子就可能去到危险的地方，做出一些伤害自己或者给爸爸妈妈添麻烦的事情。于是很多人都把一岁多的孩子称为行走的"定时炸弹"。这个称呼虽然有些夸张，但确实非常贴切，在孩子具有了行走的能力之后。不只会给父母带来惊喜，更有可能给父母带来惊吓。每当孩子沉默无声，沉浸在某件事情里的时候，父母如果不能亲眼看到孩子正在做什么，一定会非常慌张。

　　父母之间流传着一句话，意思是说，如果孩子没有出声，那么一定是在作怪。家里有一岁多的孩子，父母根本不知道他们什么时候在什么地方，就会发生意想不到的事故，所以唯一的办法就是寸步不离地跟在孩子的身后，不停地提醒孩子这个不能做，那个不能碰，有的时候甚至还会厉声地呵斥孩子停下脚步，停下小手。但是，孩子探索世界的欲望是非常强烈的，尤其是在能够主宰和支配自己的身体，去到任何想去的地方之后，他们更是爆发出空前的探索热情。对于父母而言，要想保证孩子的安全，只是阻止孩子是远远不够的，一是因为孩子的理解能力还很差，未必能够知道父母的苦心，二是因为孩子的自控能力有限，即使知道某件事情是不应该做的，孩子也不一定能够管住自己。

很多父母都感到非常困惑，不知道给孩子怎样的自由。为了给孩子营造一个安全的成长环境，父母们绞尽脑汁。当孩子还处于婴儿时期的时候，父母无须担心家里的开关和水电。但是当孩子学会走路之后，父母不得不在开关和插座上装上保护的装置，在屋里所有有棱角的地方都安装上防护的东西，这样就可以避免孩子受伤。厨房和卫生间的门，更是每天都保持关闭的状态，在孩子够到门把手打开门之前，这样还是相对安全的。

除了这些显而易见的危险外，对于孩子来说，还有很多隐性的危险。有的时候趁着妈妈不注意，孩子就把妈妈新买的香水洒在了地上。更糟糕的是，有的孩子把香水当成香喷喷的饮料，全都喝到肚子里。有的孩子还会把妈妈的口红当成棒棒糖，嚼着吃掉。在这种情况下，如果妈妈也不能够和孩子讲清楚道理，就必须把自己的化妆品或是贵重东西储存起来，不让孩子去触碰，把危险的东西都收好，放在孩子拿不到的地方。

比起外面精彩的世界，家里的空间还是比较安全的，在家里，爸爸妈妈已经提前做好了安全措施，所以片刻看不见孩子，也能相对心安，不用过分担心孩子会做出非常糟糕的事情。但是当走出家门后，父母片刻也不能让孩子离开自己的视

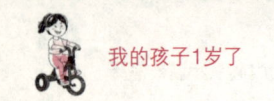

线，尤其是在人员密集、环境复杂的地方，孩子说不定瞬间就会离开父母去到危险的地方。

如果带孩子去商场或者超市等地方，那么父母更是要紧紧地牵着孩子的手，让孩子留在自己的身边。孩子很容易被那些琳琅满目的商品吸引，趁着父母不注意的时候，就跑着离开父母的身边。当父母扭头一看却看不到孩子的时候，可想而知父母有多么崩溃。在孩子能听懂父母的话，执行父母的禁令之前，父母给孩子的自由一定是有限的。但是孩子又非常渴望获得自由，因为他们想要随心所欲地探索这个世界，这就使得父母对孩子的严格管束与孩子对自由的强烈渴望之间形成了矛盾，所以对于一岁多的孩子，亲子关系往往也是非常紧张的。

既要给孩子自由，又要保证孩子的安全，那么最好的方法就是给孩子一个安全的环境，让孩子在这个安全的环境里享受充分的自由，这就像是饲养马匹。众所周知，马是非常向往自由的一种动物，如果把马儿圈养起来，它就会感到非常焦躁，想要冲破束缚，奔向自由的天地。有一个农场主的马儿养得特别好，很多人都不知道他如何把马儿养得膘肥体壮，而且能让马儿自由地奔跑。其实这个农场主的方法非常简单，就是把马的围栏建造得很高，高到马儿不能从围栏上跨越出去，而且又把围栏内的空间保留得很大，这样马儿就可以在围栏内自由自在地奔跑。农场主丝毫不担心马儿会越过围栏跑的无影无踪，也不担心野兽会越过围栏来伤害马儿，达到了两全其美的效果。

当然，也许有的父母会说，我们可没有那么多的钱去给孩子买一个超级大的别墅，让孩子在里面自由地玩耍。其实没有关系，现在社会上有很多儿童游乐场所，里面的保护措施都做得非常到位，父母只需要可以花很少的钱就可以带着孩子去游乐场所里玩，让孩子感受到自由自在、无拘无束的感觉。不过父母在这些游乐场所里玩也要注意安全。

打造安全宝宝乐园

总体来说，父母要为孩子制订行为的边界。对于一岁多的孩子而言，如果他们并不能感知到危险，也不能够控制好自己的行为，那么父母可以让他们适当地尝试。例如，孩子非常喜欢在厨房里东摸摸西摸摸，那么父母可以让孩子试一试热水的温度，当孩子感觉到烫，下一次就不会再去触碰热水了。总而言之，只要把握好管控孩子与给孩子自由之间的界限，就可以找到一个平衡点，既给孩子自由，又能够保证孩子的安全，让孩子健康快乐地成长。

学会对孩子表达情感

因为受到传统思想的影响，很多父母不善于向孩子表达爱，与孩子之间亲密的关系仅限于孩子小时候。甚至在孩子小时候，父母与孩子的亲密举动也非常简单，很少会像西方国家的人那样表达纯粹热烈的感情。几乎所有的育儿书籍都在告诉年轻的父母一个道理，那就是要积极地向孩子表达爱。不管以什么样的方式，一定要让孩子感受到父母的爱和关心，这样孩子才会更有自尊，更自信，在遇到艰难和挫折的时候，也有勇气去战胜一切坎坷。但是这里所说的爱并不包括对于孩子的溺爱。溺爱孩子是对孩子的害，而不是真正爱孩子的表现。

表达对孩子的情感，尤其是要表达对孩子的爱，让孩子感受到父母对他的爱意，知道父母是非常爱他的。这对孩子而言非常重要。毕竟在孩子的心中，父母非常重要，是无可取代的。很多父母常常抱怨孩子不知道父母有多么爱他们，实际上父母也不知道孩子有多么依赖他们。亲子之间的误解往往是因为对爱的表达不够，也没有沟通对彼此的爱意。

一岁多的孩子对爱的理解还没有那么深刻，那么作为父母，如何表达对孩子的爱呢？父母可以温柔地抚摸孩子的头。但是有些父母常常会逗孩子玩，趁着孩子不注意，突然弹孩子的脑门，这是一个非常不好的举动，尤其是对于幼儿来说，由于囟门还没有闭合，所以父母突然攻击孩子的头，可能会对孩子造成严重的伤害。父母可以温柔地拥抱孩子。当孩子需要的时候，也可以适当加大拥抱的力度，让孩子感受到父母就在他们的身边，是他们最坚实的后盾。父母还可以温柔地抚摸孩子的后背。孩子的后背是一个非常敏感的地方，而且面积也非常大，当父母温柔地抚摸孩子的后背时，孩子会感到温暖，也会觉得非常安全。

和这些方式相比，亲吻是表达爱意更为直接和热烈的方式。父母可以亲吻孩子的额头、脸蛋，亲吻孩子的小手、胳膊，亲吻孩子的脖子，甚至亲吻孩子的臭脚丫，这会让孩子感受到父母浓浓的爱意。在孩子小时候，父母给予孩子足够的爱，这对于孩子获得安全感是非常有好处的。有朝一日，等孩子长大了，父母再想亲吻孩子，说不定孩子还不好意思接受呢，毕竟在中国的社会里，并不流行成人之间互相拥抱和亲吻的礼节。所以趁着孩子小的时候，父母一定要多多亲吻孩子。当然，如果在家庭内部，能够形成表达爱意的良好方式，那么家庭氛围一定会很好，亲人之间一定会很亲密。

除了用行动来表达对孩子的爱之外，父母还要学会用语言来表达对孩子的爱，除了用"我爱你"这三个最简单直白的字来表达对孩子的爱意之外，父母还可以多多夸赞和表扬孩子。但是有一些父母总是打击孩子。他们对孩子的表现不满意，就会否定孩子,这对孩子而言是非常残酷的。在还没有形成自我评价能力之前,孩子会非常相信父母对他们的评价,甚至会把父母的评价直接拿过来作为自我评价。所以,父母如何评价孩子将会影响孩子的自我评价和自我认知。一岁多的孩子难免会犯错误,即使是在情绪暴怒的情况下,父母也不要对孩子声色俱厉,更不要给孩子贴上负面标签。温柔地与孩子沟通,保持理性,这能够孩子更加信任父母,也能够建立良好的亲子关系,还有助于加深亲子感情,可谓一举数得。

除此之外,还有一些简单的手势语言,也可以表达对于孩子的爱和赞许。例如,在孩子做出一件值得夸赞的事情时,父母也许什么都没说,只是面带微笑地对孩子竖起大拇指,或者向孩子眨巴眼睛,以表示对孩子的称赞。对于孩子来说,这就足以让他们高兴。当特别兴奋的时候,父母还可以抱起孩子,把孩子举高高。有些孩子和父母之间有更特别的方式庆祝,那么,父母就可以做出这样的举动来表达对孩子的爱意。在和孩子相处的过程中,不管说起什么样的话题,父母都不要吝啬自己的笑容。如果没有特别值得高兴的事情,父母要保持面带微笑;如果遇到了特别高兴的事情,那么父母可以开怀大笑,这样的情绪是会感染孩子的,让孩子发自内心地感到开心。这样不但能够表达对孩子的爱意,而且能营造良好的家庭氛围,对孩子而言是很重要的。

一个孩子是在冷漠的家庭环境中成长,每天面对着父母严

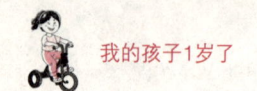

肃的面孔，还是在一个温暖的家庭环境中成长，每天都能看到父母的笑容，这对孩子的一生都将产生深远的影响。从现在开始，我们就要改变传统的方式去爱孩子，要把深埋在心底的爱大声地说出来，不要再以对孩子提出各种严格要求的方式来表达对孩子的爱，而是通过点点滴滴的行动来表达对孩子的爱，真正做到用爱包裹孩子，这对孩子而言将是一种幸运。

二胎到来，大孩为何发育倒退

随着独生子女政策的终止，全国范围内都开始允许生二胎，很多家庭都动了生二胎的心思，也有很多心急的爸爸妈妈火速生了二胎。当老二到来之后，爸爸妈妈会发现一个奇怪的现象，那就是原本已经相对独立、懂事的大孩却出现了行为倒退的现象，这是为什么呢？

一些父母了解孩子的心理特点，觉得大孩是在故意与父母作对和捣乱，是故意要吸引父母的注意，分散父母的精力。而实际上并非完全如此，大孩之所以做出这样的举动，是因为他们在心理上承受了巨大的压力，他们很担心，害怕失去父母，也害怕不能得到父母的爱。尤其是当看到父母把大部分的时间和精力都用来照顾刚出生的弟弟或者妹妹的时候，一岁多的孩子也许连话都说不利索，他们就已经开始担心了。

大多数父母都不能理解，二孩的到来对大孩意味着什么。他们觉得自己生育二孩是为了让大孩觉得不寂寞，却没有想到在一个家庭里，出生顺序的不同，对孩子而言意味着不同的家庭环境。在没有二孩之前，爸爸妈妈都只宠爱大孩一个人，但是在有了二孩之后，家里生活发生最大变化的就是大孩，因为大孩原本可以独享父母的爱，独享家里所有的玩具和美食，现

在却不得不和二孩分享，甚至问题还不仅仅是分享这么简单。当父母看到刚刚出生的二孩非常娇弱，精心照顾二孩的时候，大孩在无形中就会被忽略。

其实父母想错了一件事情，那就是对于二孩来说，从他刚出生的时候起，家庭环境就是这样的，家里有爸爸妈妈，还有哥哥或者姐姐，因而家庭环境并没有随着他们长大发生任何变化，就是他们一出生的样子，所以他们很容易接受这样的状况。但是对于大孩来说，二孩出生，让他们生活的环境发生了巨大的变化。这样的变化往往会给孩子带来巨大的心理压力，甚至出现行为倒退现象。心理学家和儿科专家都对这种现象进行了研究，认为大孩的这种情况可以被叫作退位之王。原本在家里占有重要地位的孩子，因为弟弟或妹妹的出生，位置突然之间发生了变化，从家里的唯一重心变成了家里被忽视的一个对象。最遗憾的是，很多父母还没有意识到这一点，为了关心二孩而忽略大孩，为了满足二孩的需求而伤害大孩的利益，这会导致大孩的心理出现巨大落差。

虽然父母的初衷是好的，觉得为大孩生一个血脉相连的兄弟姐妹，将来哪怕父母老去了，离开了人世，大孩也不会觉得寂寞。而实际上，对于才一岁多的大孩来说，除了觉得利益受损之外，他们对于新生命的到来并不会有其他的感觉。

因为这种心态的影响，大孩还可能会对不期而至的二孩产生仇恨的心理，甚至有一些大孩趁着爸爸妈妈不注意，对二孩做出一些过激的举动，例如，打二孩，甚至是伤害二孩。对于父母来说，在意识到这种情况之后，首要的事情不是要照顾好二孩，而是要照顾好大孩的心理感受。很多大孩之所以出现行为倒退，是因为他们想要吸引爸爸妈妈的关注。有的一岁多的孩子原本可以控制大小便，但是他们却把大小便弄得到处都是，这样爸爸妈妈就不得不暂时放下二孩来照顾他们。也有的孩子原本可以独立地好好吃饭，现在却张开大嘴想要爸爸妈妈

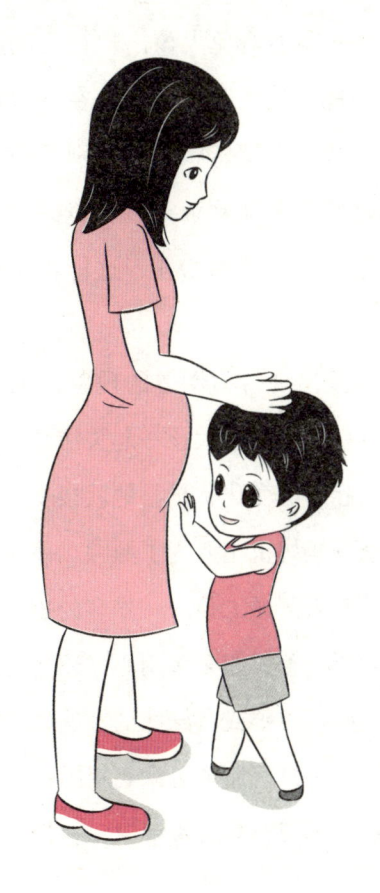

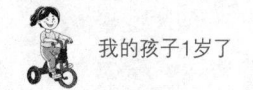

们像喂弟弟妹妹那样喂他们。还有的孩子性情大变，原本他们是非常懂事听话的孩子，现在却常常无理取闹，情绪冲动的时候就躺在地上不停地打滚吵闹。还有的孩子想坐在弟弟或者妹妹的婴儿车上，再次享受当婴儿的感觉。这些行为其实都是有迹可循的，爸爸妈妈只要用心观察，就会发现大孩出现这些行为的时间节点，基本上就是从二孩出生，爸爸妈妈过于关注二孩开始的。

那么，如何才能够避免大孩出现行为倒退的现象呢？爸爸妈妈应该更多地关注大孩，尤其是在二孩出生之后，更要关心大孩的心理状态和情感状态。特别是当大孩表现非常优秀时，爸爸妈妈要多多地称赞大孩，表扬大孩做得非常棒，还可以说大孩是弟弟妹妹的榜样，这样就能够强化大孩正确的行为。

为了避免大孩出现行为倒退的现象，也为了更好地教育大孩，妈妈可以在怀孕后和大孩一起关注肚子里二孩的成长，让大孩观察妈妈肚子的变化，早早地就接受二孩的存在。在二孩出生之后，爸爸妈妈也不要为了照顾二孩而忽略大孩，而是可以邀请大孩一起来照顾二孩。一岁多的孩子可以做的事情虽然有限。但是只要爸爸妈妈多多用心，还是可以找到机会让大孩帮助爸爸妈妈照顾弟弟或者妹妹的。例如在给二孩喂奶的时候，可以让大孩帮忙拿奶瓶或者拿奶粉罐；换尿布的时候，可以让大孩把脏的尿不湿扔到垃圾桶里；在带着二孩出去散步和晒太阳的时候，可以让大孩尝试着用婴儿车推着小弟弟或者小妹妹。这些会让大孩产生一种自豪感，觉得自己是哥哥或者是姐姐，还能为爸爸妈妈做这么多事情，是爸爸妈妈不可缺少的小帮手，从而表现得更好。

当然，在一个屋檐下生活难免会发生各种矛盾，虽然二孩还是襁褓中的婴儿，但是大孩与二孩之间也是会有矛盾的。当大孩与二孩的利益发生冲突的时候，父母一定要本着优先照顾大孩的原则，优先满足大孩的需求和欲望。例如晚上睡觉的时候，妈妈往往需要照顾二孩，那么这个时候，爸爸就要更多地关注大孩，可以去给大孩讲故事，陪伴大孩入睡；在购买一些物品的时候，也不要只考虑到二孩的需要，而是要优先考虑大孩的需要。当大孩意识到二孩的出生并没有改变他的生活，也没有分走爸爸妈妈对他的爱，反而给他的生活带来了很多的乐趣时，他会真心地接受二孩，也会非常努力地和父母一起照顾好二孩，更不会去伤害二孩。

从某种意义上说，大孩和二孩的关系取决于父母。如果父母能够在两个孩子之间起到很好的平衡作用，帮助两个孩子协调好关系，那么大孩和二孩就能够更好地相处。反之，如果父母总是偏袒二孩，那么就会让大孩产生很多意见，也会让大孩对二孩心怀不满，这对于构建和谐幸福的家庭显然是非常不利的。

作为二胎父母一定要警惕，当大孩出现各种行为倒退现象时，要及时捕捉大孩的异常，挖掘大孩的异常行为背后的心

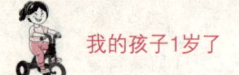

理原因，有针对性地解决问题。一定要坚持的原则就是大孩优先，其次才是二孩。确定了这样的先后顺序，父母在平衡大孩和二孩的关系时就会更加容易。

做好父母，要控制好愤怒

很多年轻的父母觉得自己还是个孩子呢，却一夜之间为人父母，需要辛苦地哺育孩子，未免会感到情绪不平，有的时候也会莫名其妙地发脾气。尤其是作为新手妈妈，在孩子出生之后的一两年时间里，甚至连一个完整的觉都睡不了，这会让妈妈感到心力憔悴，心情也会变得非常沮丧。那么面对这样的情绪波动，父母应该用什么方法来保持情绪的稳定，让自己怀着平和的心态，耐心地对待孩子，用心地抚养孩子成长呢？

有一点是毋庸置疑的，那就是作为父母，谁都希望能够给孩子提供最好的生活条件，也能够对孩子和颜悦色。然而，理想虽然是丰满的，现实总是骨感。当孩子到了一岁多之后，原本乖巧可爱的他们会变得非常顽皮淘气，甚至还会表现出任性、霸道、自私、冷漠等行为特点，这使父母对孩子的耐心消耗殆尽，也对孩子渐渐地生出很多不满。有一些妈妈一边工作一边还要照顾孩子，难免会觉得精力不济，也有妈妈全职留在家里照顾孩子，听起来觉得轻松，但其中滋味只有妈妈自己才知道。爸爸呢，主要负责挣钱养家，养家糊口的压力也是很大的。这是因为孩子的开销并不比一个成人小，有的时候，孩子

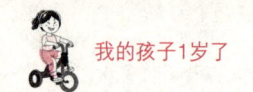

的开销甚至远远超过父母的开销。在这种情况下，爸爸妈妈的情绪可能都很容易冲动。父母在发脾气的时候对孩子会造成非常严重的影响。尤其是当父母情绪歇斯底里的时候，他们的理智就退居到看不见的地方，甚至会做出一些冲动的举动，对孩子造成伤害。这样会给孩子的心灵造成很大的冲击力。心理学家研究发现，婴幼儿在孩童时期受到的伤害甚至会影响他们成年之后的心理健康。所以父母面对孩子，一定要控制好自己的情绪，要驾驭自己的情绪，不要成为情绪的奴隶，更不要把自己被情绪驱使时让孩子感到陌生和害怕的一面呈现在孩子的面前。

孩子的思想是非常单纯的，他们并不能够区分父母是否在生气。当他们发现父母因为愤怒而做出歇斯底里的举动时，孩子最直观的印象就是父母不爱他们了，这会让孩子缺乏安全感，也会让孩子觉得自己非常糟糕。一岁多的孩子还没有能力消化父母愤怒的情绪，所以在面对孩子的时候，父母一定要控制好自己的情绪，不管遇到多么生气的事情，也要管控好自己的嘴巴，不要对孩子说出一些残忍或者是会给孩子带来伤害的话。有些父母看到孩子不听话，就会吓唬孩子："如果你再不听话，就让大灰狼把你吃掉！""如果你不听话，就让警察叔叔把你抓走！""你可真是个坏小孩儿，你简直就是个小魔头！"这些话都会给孩子带来很严重的心理创伤。尤其是有些妈妈因为得不到爸爸的帮助，独自一个人抚养孩子，感到心力憔悴时，甚至还会对孩子说"都是因为你我才这么倒霉"这样的话。说这些话对孩子的心理创伤是很严重的，因为这会使孩子产生负罪感。作为父母，面对自己的人生，不管是幸福美满还是不如意，都不要把责任归咎到孩子上身上，而是要心平气和地抚养孩子。

作为父母，一定要学会调节自己的情绪，要成为情绪的主人，掌控自己的情绪。那么具体来说，父母要怎么做，才能够让自己的情绪保持相对平和呢？

首先，父母要接受孩子的普通和平凡。有太多的父母都一厢情愿地认为自己家的孩子是出类拔萃的，是非常优秀的。当发现孩子的表现不能够达到他们的标准时，他们就会迁怒于孩子。实际上，问题并不在于孩子本身，而在于父母对孩子怀有过高的期望。

其次，学会调节自己的情绪，让自己保持心理健康。很多父母在为孩子付出之后，面对不如意的人生，他们会把责任归咎到孩子身上，认为自己是在为孩子付出，甚至觉得是孩子毁掉了他们的人生。有些职业女性一边工作一边照顾孩子，因无法平衡工作与生活而倍感压力；有的全职家庭主妇因为自己没有独立的经济收入，没有良好的事业，也会因此而迁怒孩子，觉得是孩子扰乱了她们的生活。其实这一切都与孩子无关，而与父母的心理状态密切相关。

再次，要营造良好的家庭环境，关键是夫妻之间要建立良好的关系。很多妈妈在带孩子的时候之所以怨声载道，心理极其不平衡，就是因为作为爸爸的丈夫没有给予妈妈应有的帮助，也没有发自内心地关心妈妈，有些爸爸甚至还会抱怨妈妈没有把孩子照顾好，这会让妈妈更加愤愤不平。作为爸爸，一定要理解妈妈照顾孩子的辛苦，也要积极地改善与妻子之间的关系。正如有一位名人所说的，爸爸送给孩子的最好礼物就是爱孩子的妈妈，因为对于孩子来说，任何的礼物也比不上有幸福美满的家庭更加重要。

最后，要无条件地接纳和热爱自己的家和自己的孩子。很多年轻人一旦当了父母之后，就经常在无意之间把孩子拿去和其他孩子比较。在入学之前，他们会比较谁家的孩子先学会坐、爬、走，谁家的孩子吃饭吃得更多，谁家的孩子拉臭臭拉得更多，这些都可以成为他们比较的内容。当孩子进入学校学习之后，父母又会把孩子的学习成绩作为最重要的比较内容。在这个世界上，每个孩子都是独立的生命个体，都是与众不同、不可替代的存在。作为父母爱情的结晶，生命的延续，孩子的一切表现其实都与父母密切相关。明智的父母不会把孩子与其他孩子进行比较，而是会把孩子作为独立的个体，学会欣赏自己家的孩子，也真正地接纳自己家的孩子。

当然，情绪到来的时候就像一头魔兽，我们很难真正地控制情绪，那么就要采取必要的手段来保持情绪的平稳。例如，要学会倾诉，可以向伴侣或者是身边其他的亲人朋友倾诉自己心中的不良情绪，把话说出来之后会感觉心情好了很多。也可以学会按下情绪的暂停键，当情绪处于即将崩溃的状态时，不要任由情绪朝着负面的方向发展，而是可以先暂停下来，让自己想一想开心的事情，转移自己的注意力，也许等到片刻之后，你就会发现自己并没有那么生气，或者觉得正在发生的事情并不值得自己那么生气。

现代社会的人精神上的压力和生活上的压力都非常大，为了舒缓情绪，缓解压力，还可以坚持记日记，每天都把开心和不开心的事情写到日记里，这对于自己来说就像是在和一个闺中密友进行交流。当情绪特别不好的时候，也可以暂时逃离当时所处的情境，去做自己喜欢做的事情，例如，听听音乐，和三五好友一起喝一杯茶，或者还可以去商场购物，这些都是很不错的选择，都能够帮助我们舒缓情绪。总而言之，只有先控制好情绪，我们才能够当好父母。如果我们连自己的情绪都驾驭不了，又如何能够更好地和孩子相处，陪伴孩子成长呢？

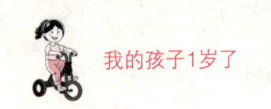

不要当着孩子的面吵架

夫妻之间相处不可避免一定会有很多的矛盾，尤其是在有了孩子之后，面对各种各样的琐碎和层出不穷的问题时，夫妻之间很容易产生分歧。也许一开始只是在抱怨，但是如果不控制情绪很可能会矛盾升级发生争吵，甚至还会摔很多东西，动起手来。当着孩子的面这么做是非常不理智的，因为这会让孩子受到惊吓，进而让孩子缺乏安全感。也会给孩子做出坏榜样，孩子会学习爸爸妈妈的样子，变得脾气暴躁，不讲道理，也可能做出过激的行为和举动，这对孩子的影响是非常糟糕的。

很多父母都不曾意识到当着孩子的面吵架甚至打架会给孩子造成多么严重的冲击，当情绪爆发的时候，父母们往往不能够控制自己。他们激动地大吵大闹，甚至会做出一些过激的行为。一岁多的孩子看到这些事情发生的时候，往往会受到惊吓，又不知道应该怎样来制止这件事情。他们的人生经验还很少，并不知道这可能只是父母漫长婚姻生活中的一次小小不愉快，他们害怕爸爸和妈妈会互相伤害，也觉得家里发生了天塌地陷的大事，因此会陷入极度的恐慌之中。也有一些孩子会责怪自己，他们觉得都是因为自己犯了错，所以爸爸妈妈才会大发脾气，才会做出这样的举动，这会使孩子深深地自责，让孩子内心不安。

很多父母误以为父母吵架对孩子的影响只局限在心理和情绪方面，实际上当孩子陷入过度恐惧的时候，他们在生理上也会发生很多变化，例如，孩子会心跳加速、呼吸急促，全身都冒出冷汗，而且肌肉都特别紧张。这就像成人在观看一部极度恐惧的恐怖电影时，会产生各种生理反应。对孩子而言，父母当着他们面争吵就是最高级别的恐怖电影，给他们的压力往往是无法承受的，这将会给孩子带来身心的双重伤害。

秀秀已经一岁半了，她是一个非常乖巧听话的孩子，平日里也非常独立，能够独立吃饭，也知道告诉爸爸妈妈她想大小便。当很多父母都为自家一岁半的孩子苦恼时，秀秀的爸爸妈妈却很庆幸秀秀是这样一个听话懂事的孩子。但是，秀秀最近的表现却让爸爸妈妈很担心。

周末，爸爸出去和朋友应酬，很晚还没回家。妈妈独自在家里带秀秀带了一整天，心中不禁产生了怨气。妈妈几次给爸爸打电话催促爸爸回家，爸爸却总是推脱说活动还没有结束。直到深夜，爸爸才回到家里。这个时候，秀秀和妈妈都还没有睡觉。秀秀因为没有妈妈的陪伴，在客厅里跑来跑去。看到爸爸打开家门，妈妈当即爆发起来，冲着爸爸吼道："你终于知道回家了！都这个点了，你还回来干嘛，睡在外面多好！"听到这样充满火药味的话，爸爸生气地喊道："难道我是这个家的奴隶吗？我就不能有自己的时间吗？"妈妈更生气地说：

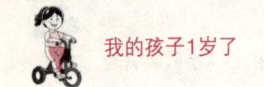

"你还要自己的时间,我每天24小时面对孩子,我有自己的一分一秒的时间吗?好不容易到了周末,你都不能帮我带一天孩子,只顾着自己出去玩!"爸爸和妈妈越说情绪越激动,争吵起来。妈妈在冲动之下还把随手拿到的一只玻璃杯摔在地上。秀秀当即吓得大哭起来,发出刺耳的尖叫声。他们这才意识到,秀秀把他们争吵的整个过程都看在眼里了。他俩立刻去安抚秀秀,但是秀秀还是哭了很长时间。当天晚上,秀秀在睡梦中几次三番地哭,醒来后还大喊大叫。爸爸妈妈都非常后悔,他们不应该当着秀秀的面吵架。

后来,秀秀一听到爸爸妈妈大声说话,就会非常紧张,立即请求爸爸妈妈不要吵架。有一次,爸爸妈妈因为讨论一个问题,声音大了一些,秀秀就又哭了起来。爸爸妈妈既觉得无奈,又非常心疼秀秀,这都是因为爸爸妈妈的冲动给秀秀的心理造成了阴影!

父母当着孩子的面争吵,甚至是打架,对孩子的影响是非常严重的。有的孩子在亲眼看到父母争吵之后就很容易产生心理阴影,此后他们听到父母说话的声音略微大一些,也可能会感到非常害怕。有些孩子不光听到父母高声说话感到害怕,听到生活中那些比正常声音略高一些的声音也会感到非常恐惧。

很多成年人之所以会有暴力倾向,与在童年时期目睹父母争吵或者打架有关系,这是心理学家经过长期的研究和分析得出的结论。孩子的心灵非常稚嫩,稍有不慎就会伤害到孩子的心理，在孩子的心灵上刻下很多糟糕和负面的影响。那么父母也许会产生疑问，生活中哪有勺子不碰锅沿的呢，如果真的争吵起来，又该怎么办呢？

对父母来说，如果争吵是不可避免的，那么要做到以下几点。

第一点，要避开孩子，在孩子看不到也听不见的地方吵架。如果家里的地方很小，那么可以去家之外的地方争吵，当然要先保证孩子能够得到妥善的照顾。

第二点，吵架后在情绪激动的情况下，不要面对孩子。因为情绪激动就难免会迁怒于孩子，让孩子莫名其妙地受到父母情绪风暴的袭击，失去安全感，也让孩子在不知不觉间成为父母的出气筒，这对孩子是非常不公平的。

第三点，如果在吵架的过程中，孩子突然到来，父母一定要马上停止争吵去安抚孩子。只有及时安抚孩子，让孩子知道爸爸妈妈不会分开，爸爸妈妈依然非常爱他，才能尽量消除对孩子身心的伤害。也可以向孩子解释，爸爸妈妈说话的声音只是比平时略微大了点，从而让孩子不再恐惧。这是有效的弥补措施，可以更好地保护孩子的心灵。

在生活中总会发生一些不愉快的事情，爸爸妈妈要学会调节情绪，毕竟当家庭中多了一个孩子的时候，家已经不再仅仅是爸爸妈妈的家，更是孩子遮风挡雨的天堂。父母要为孩子营造良好的成长环境，这样孩子才能够更健康快乐地成长。

第 08 章
1 岁孩子的看护技巧——眼睛一刻不离开孩子

和一岁孩子的相处问题使很多父母都感到头疼,毕竟一岁之后,孩子的认知能力有了一定发展,他们的思维方式也有了一定的改变。他们不愿意再顺从和迎合父母,也不愿意对父母言听计从,他们想要有独立的思想和主见,也想要独立展开行动,但是他们各方面的能力并不能够支持他们完全独立。在这样的情况下,孩子成为一个矛盾体,他们想依靠父母,又想摆脱父母,他们想与父母亲近,又想与父母疏远,使得亲子关系变得矛盾而又复杂。父母要了解一岁孩子的身心特点,迎合孩子的需求,在必要的时候也要顺从孩子,帮助孩子获得安全感,这样才能给孩子更大的成长助力,也才能与孩子更好地相处。

转移孩子的注意力

　　一岁的孩子还处在学习日常用语的过程中，还不能够流畅地表达自己的所思所想，而且他们说话也并不是非常清晰，所以他们在与父母交流的时候，往往不能完全依靠语言，也要通过面部表情、肢体动作来表达内心。但是偏偏一岁的孩子情绪是非常容易激动的，他们因为产生了各种各样的欲望和需求，却无法顺畅地与父母沟通，内心不能得到满足，为此他们经常会莫名其妙地烦躁不安，采取哭闹、打闹的方式来引起父母的注意。对父母来说，如果能够在这个阶段里了解孩子的所思所想，知道孩子的需求，与孩子之间相处的矛盾就会大大减少。

　　父母在和一岁孩子相处的时候，一定要充分发挥想象力，猜测孩子需要什么，想要达到怎样的结果。在这样的过程中，如果父母能够猜中孩子的心思，那么就可以让孩子的情绪恢复平静，欲望得到满足，心情愉悦。反之，如果父母始终猜不透孩子心思，那么孩子就可能会特别抓狂。有的时候看着哭闹不止的孩子，父母却丈二和尚摸不着头脑，这种感觉真的很糟糕。但是有一点值得父母庆幸，那就是一岁的孩子注意力保持的时间很短暂，他们特别容易被新鲜的事物吸引注意力，也特别容易看到更多有趣的事情。当父母猜不透孩子的心思，又不能够让孩子马上停止哭泣的时候，就可以和孩子说起一个他感兴趣的话题，或者拿一个好玩的玩具给孩子玩，或者拿一个美味的零食给孩子吃，这些都能够成功地转移孩子的注意力，让孩子忘记自己固执地想要的到底是什么。在欣然接受父母所给的玩具或者是某种美味的食物之后，孩子的心情就由阴转晴了，说不定还会灿烂地笑起来呢！

想转移孩子的注意力，除了找新话题、孩子喜欢玩的玩具和孩子爱吃的食物之外，还可以把孩子从当前的环境中带离。例如，把孩子高高地举起来，让孩子看到更远的地方，或者抱着孩子去另外一个地方，让孩子离开使他烦躁不安的环境。

平日里情绪非常好的闹闹突然闹腾起来，他一直在哭，妈妈不知道闹闹是哪里不舒服，还是想做什么事情。虽然妈妈一直在安抚闹闹，但是闹闹的哭声却越来越大，这让妈妈感到非常抓狂，她不知道应该如何帮助闹闹。

闹闹哭了一个多小时还没有停下来，妈妈被闹闹哭得满头大汗，感到无可奈何，只得给爸爸打了电话。爸爸提出建议："不如你带他去楼下遛一圈吧，让他看看楼下的小花小草，说不定还能遇到小猫小狗，他就不哭了。"爸爸的话让妈妈茅塞顿开，她马上带着闹闹去了楼下。刚到楼下的时候，闹闹还在哭哭啼啼，但是很快跑过来一只可爱的小狗，闹闹就只顾着看小狗，把自己的不快全都忘记了。

当父母不知道孩子为何哭泣的时候，如果排除了孩子身体不适，那么可以带孩子换一个环境。孩子和成人一样，长期待在一个环境里，会觉得非常烦躁，在这种情况下，换一个新环境会让孩子觉得新鲜，也会有很多有趣的东西吸引孩子，使孩子感到非常开心。

　　对于一岁多的孩子而言，转移注意力是一个行之有效的方法。所以父母在孩子情绪不佳或者是哭闹不休的时候，都可以使用这个方法来安抚孩子。孩子的情绪来得快去得也快，所以才有人说孩子的脸是六月的天说变就变。既然如此，为什么不让孩子快速地从阴转晴呢？其实，养育孩子就是一个斗智斗勇的过程，孩子的智力在不断提升，作为父母也要让自己变得更加聪明，才能够与孩子之间有更好的互动和沟通，也才能解决伴随着孩子成长而出现的各种问题。

安排孩子喜欢的活动

孩子虽然才一岁,但是他们也是有喜好的。细心的父母在长期陪伴孩子的过程中,一定会看到孩子喜欢做什么游戏,喜欢进行什么活动,也会抓住孩子的兴趣点,在孩子情绪不佳的时候,能够以此更好地帮助孩子调整情绪。

一岁多的孩子语言表达能力还不够强,而且他们虽然已经学会了走路,能够去到自己想去的地方,但是行动能力也是不够强的。在这种情况下,父母要想让孩子长久地坐在一个地方专注地做一件事情,孩子肯定不能够长久地保持耐心。也许孩子只能保持三分钟的热度,很快就会失去耐心,也会对自己的现状越来越不满。在这样的情况下,父母又要如何与孩子沟通,与孩子交流,让孩子能够更加用心专注呢?其实,父母无须为此感到担心,因为这是由孩子的年龄特点所决定的。随着孩子不断成长,他们的定性会越来越强,会更加专注投入地做自己喜欢做的事情。这是一个水到渠成的发展过程,父母即使着急,也不能够跳过这个过程,应该耐心地等待孩子成长。

当然,细心的父母会发现孩子做他不感兴趣的事情时保持专注的时间非常短。反之,如果孩子能够做自己感兴趣的事情,那么他们保持专注的时间就会更长。明智的父母会安排孩

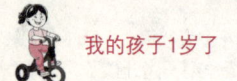

子喜欢的活动来吸引孩子的注意力，这样孩子就能够长时间地安静下来，也可以专心致志地把喜欢的事情做得更好，可谓一举两得。

还有很多父母发现，孩子虽然在家里特别折腾，片刻也不闲着，但是如果用小车推着他们去户外玩耍，他们就会变得非常乖。他们会乖乖地坐在车里，等着父母推着他们逛来逛去，不少父母会感慨："哎呀，原来这是一个爱逛街的孩子呀！"其实这并不是因为孩子爱逛街，也不是因为孩子喜欢被父母推

着走，而是因为孩子对外部的世界非常好奇，所以他们很喜欢由父母推着去散步。作为父母，要找到孩子感兴趣的活动，并经常带孩子去做。

很多孩子除了喜欢被父母推着到各个地方行走之外，还很喜欢和父母一起去做一些有趣的活动，对孩子而言，这些活动会让他们感受到乐趣，那么父母为何不找一些事情给孩子干呢？例如，父母在择菜的时候，孩子喜欢在旁边"帮忙"，那么父母可以在旁边的小盆里准备黑豆和黄豆，让孩子把黑豆拿出来。这是一个一举多得的有益活动，这样孩子就会专注地去做这件事情，他们不但能够保持安静，非常用心，而且还能够锻炼孩子手部的精细动作，渐渐地，他们的手部发育会更好。完成捡豆子的活动是需要很大耐心的，也许孩子做了一会儿就会感到厌烦，那也没关系，父母还可以为孩子准备一个画板，让孩子在画板上涂鸦。大多数孩子都喜欢画画，这样孩子就会根据自己的想象画很多有趣的画，这对孩子来说当然是一种学习和进步。

也有很多孩子喜欢玩球，父母可以在家里给孩子准备一个球，和孩子一起玩球。虽然这个活动很简单，对父母来说可能略显枯燥，但是却能够激发孩子的兴趣。父母要想更好地陪伴孩子，就要安排孩子喜欢玩的各种活动，让孩子的每一分钟都过得特别充实。

除了需要为孩子准备这些有趣的活动之外，父母还可以看

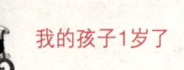

看孩子自发地在玩什么。很多时候，孩子对于游戏的要求并不高，有的孩子哪怕拿到一个食品的包装袋也能够玩很长时间，这是因为他们从中得到了乐趣。所以所谓孩子喜欢的活动，并不是说这个活动的趣味性有多么高，而是看孩子是否真的喜欢。对于孩子来说，不管是什么活动，只要能够激发他们的兴趣，让他们真正爱上的活动就是有趣的活动，那么，父母就可以多多陪着孩子一起去进行这样的活动。

了解孩子的性格，培养孩子的挫折承受能力

　　一岁多的孩子对于失败的承受能力很差，一旦遭遇失败，他们就会非常沮丧，有时甚至还会做出很多冲动的举动，坐在地上哭泣不止，躺在地上打滚，胡乱地蹬踢两条小腿。看到孩子这样歇斯底里的表现，不同父母往往采取不同的处理办法。有些父母会想方设法地哄孩子，逗孩子开心，但是他们往往会发现，这对一岁多的孩子没有多大效果。也有一些父母会抱起孩子走到其他房间，让孩子离开那个让他们伤心或者是不满的环境，从而成功地转移孩子注意力。也有的父母对孩子采取冷处理的方式，他们会暂时离开孩子的身边，任由孩子在那里撒泼打诨。看到父母不在身边，孩子就会渐渐地恢复平静。在孩子的脾气消了之后，父母再回到孩子的身边，这个时候，孩子往往能够平静地与父母沟通，也能更好处理自己所面对的问题。

　　在孩子小时候，父母是这个世界上最了解孩子的人。但是如果父母不了解孩子，在照顾孩子的过程中没有用心，不曾细心地留意孩子的言行举止，不知道孩子做出各种过激的行动和表现背后隐藏的心理原因，也就无法有的放矢地解决孩子的心理问题。在这种情况下，父母与孩子之间的关系自然会非常紧

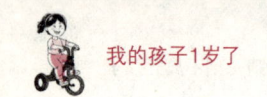

张，亲子相处也会遇到各种各样的障碍。

其实孩子是不会无缘无故发脾气的，孩子每一种情绪背后都有其心理原因。每当发现孩子出现心理或者行为上的异常，父母应该去及时了解孩子的心理或者是情感状态，如果发现孩子遇到挫折时，父母一定要积极地鼓励孩子。

如今已经有很多父母都认识到当面对一个哭闹的孩子时，有一种方法更为合理有效，那就是在了解孩子性格的基础上，知道孩子有多大的能力去承受挫折和失败，从而培养孩子的耐挫折能力。对于孩子来说，人生的道路才刚刚开始，他们一定会在成长的过程中遇到各种各样的困难。在这种情况下，如果父母凡事都为孩子代劳，都去替孩子遮风挡雨，那么孩子的挫折承受能力就会越来越差。明智的父母会尽早培养孩子的挫折承受能力，提升孩子的心理韧性，让孩子拥有一颗强大的内心。这样即使将来遇到各种生活困境的时候，孩子都能勇敢地面对。

当然，孩子承受挫折的能力是有一定限度的，即使是成人，也不可能对挫折无限承受，所以，父母要了解孩子承受挫折的能力到底有多强。如果发现孩子承受挫折的能力已经到达了极限，马上就要承受不住了，那么父母就要采取有效的措施，或者转移孩子的注意力，或者吸引孩子的关注，让孩子分心，从而来帮助孩子从负面的情绪中尽快摆脱出来，这样才能够让孩子的情绪恢复平静，也才能够避免孩子受到负面情绪的伤害。

妈妈发现乐乐是一个挫折承受能力比较差的孩子，他畏难的心理很重，例如在遇到一个很难完成的任务时，其他的孩子也许会迎难而上，具有不服输的精神，但是乐乐往往会选择放弃，他觉得自己不能做好，因而就不愿意去尝试。在这样的情况下，乐乐难免会受到各种坎坷和挫折。

有一次，乐乐在公园里和一个小朋友一起玩。乐乐拿着爸爸妈妈给他买的变形金刚，那个小朋友看到变形金刚非常喜欢，就过来抢，很容易就把变形金刚抢走了，乐乐却只是站在那里哭。妈妈了解了情况之后，问乐乐："那是你的变形金刚，你为什么不要回来呢？如果你不想让他玩，就去要回来！"听了妈妈的话，乐乐感到非常为难，他看看那个小朋友，又看看脚底下，却一动也不动，原来他不敢去和小朋友要变形金刚。这个时候，妈妈鼓励乐乐："乐乐，妈妈支持你去要回你的变形金刚，那可是你的变形金刚啊！去吧去吧，妈妈会保护你的！"在妈妈再三的鼓励之下，乐乐鼓起勇气走向那个小朋友，却一句话也不说，只是对那个小朋友伸出了手。那个小朋友还是不愿意把变形金刚还给乐乐，居然拿着变形金刚跑了。

在发现乐乐的这个性格特点之后，妈妈再带乐乐出去玩的时候，就会有意识地培养乐乐的性格，让乐乐变得更加强硬一些。经过半年多的努力，乐乐终于学会保护自己的玩具，对于自己喜欢玩的玩具，如果他不想给别人玩，他就会坚持放在手里，除非他愿意和某个小朋友分享，才会给某个小朋友玩。虽然有的父母会认为这样的乐乐太过小气了，但是妈妈却为此感到欣慰，因为妈妈认为学会拒绝他人是非常重要的。

这个案例中妈妈的教育方式是值得学习的，乐乐天生的性格比较怯懦，所以容易遭遇挫折，而他的妈妈针对他的性格给予了正确的教导，让他不仅从挫折的负面情绪中恢复，还学会了正确的维护自己利益的方法，从而减少遭受挫折的可能。

每个孩子的性格都是不同的，有的孩子性格天生软弱怯懦，非常胆小，遇到事情也不敢去抗争，他们还非常内向，不愿意表达自己的内心；也有的孩子性格天生活泼开朗，他们非常勇敢胆大，遇到不喜欢做的事情，他们就会表达心声；也有的孩子性格非常果断；还有的孩子性格会优柔寡断。不管孩子有怎样的性格，父母都可以找到合适的教育方法帮助他们战胜挫折，面对人生的挑战。这对孩子来说很重要，将让他们成长得更健康，心中更加充满阳光。

现代社会，虽然每个孩子都是泡在蜜罐里长大的，这似乎让他们更加快乐，但也导致他们性格怯懦，不能承受挫折。作为父母，可以适度地对孩子进行挫折承受能力的教育，毕竟孩子将来不可能始终一帆风顺，那么在遇到艰难、坎坷和挫折的时候，如果孩子轻而易举地放弃，就会与失败如影随形，甚至还会做出伤害自己的事情。只有一个内心强大的孩子才能够对人生的各种坎坷遭遇兵来将挡，水来土掩，才愿意对人生的各种未来都持有开放的态度,能够积极地去拥抱人生。所以父母要从小培养孩子的挫折承受能力,让孩子的性格越来越完善,让孩子的内心越来越坚强。

分散孩子的注意力

父母会发现,一岁多的孩子有时候特别固执,他们不管做什么事情都坚持要按自己的心意去做,有时虽然父母很想让他们做出正确的行为,但是孩子却固执地坚持错误的做法。在这种情况下,父母又该怎么做呢?如果与孩子硬碰硬,只会让孩子的情绪更加激动,也不能够让事情达到预期的目的。明智的父母会分散孩子的注意力,让孩子的注意力转移到其他地方,这样孩子就不会那么顽固地抗拒,说不定还会在不知不觉间接受父母的建议呢!

当父母尝试着分散孩子注意力之后,就会发现,分散孩子注意力真的是一个非常有效的杀手锏。这是因为一岁多的孩子专注力还非常有限,他们只能在很短的时间内专注于一件事情。在这种情况下,父母如果能够吸引孩子关注其他的事情,那么孩子就会停止手头上做的事情,甚至是在不知不觉间就开始做父母想让他们做的事情。这是孩子专注力比较弱的一个缺点或者说是一个不足,那么当父母把这一点用到恰当的地方,就会成为父母安抚孩子的一个好方法。

马上就要吃饭了,妈妈想把哲哲放到儿童专用餐椅上,平日里哲哲总是盼着这样的时光,因为看着桌子上的美食,他迫不及待地想要吃到嘴巴里。但是今天也许是因为早晨吃得比较晚，所以哲哲并不饿。当妈妈抱起哲哲，试图把他放到儿童专用餐椅上的时候，他非常抗拒，双脚不停地扑腾，而且口中还发出嚎叫声。看到哲哲这样的表现，妈妈决定先不强迫哲哲吃饭，而是把哲哲放到地上，让哲哲去玩玩具。

在玩了一段时间之后，哲哲似乎觉得饿了，这个时候妈妈再次招呼全家人吃饭，哲哲又像往常一样主动跑过来，站在餐桌旁边，张开双臂示意妈妈把他抱到餐椅上。看到哲哲刚才还那么激烈反抗，现在却又如此急迫地等着吃饭，妈妈不由得笑了。

如果妈妈当时强迫哲哲坐在餐椅上吃饭，那么哲哲即使坐上了餐椅，也有可能会扭来扭去，不愿意吃饭，还有可能会发起脾气，那么这顿饭就不会吃好，别人也不能吃好。幸好妈妈非常理智，她让哲哲玩玩具分散注意力。过了一段时间之后，妈妈再招呼全家人吃饭，哲哲就忘记了自己对吃饭的抗拒，又和往常一样等待着吃饭的美好时光，这正是妈妈想要达到的结果。

分散孩子的注意力是一个行之有效的方法，能够让孩子从抗拒到顺从，但是这个方法有一个前提条件，那就是父母在分散注意力之后，要有足够的时间让孩子去玩他想玩的东西，或者做他想做的事情。父母要耐心等待孩子做完他想做的事情之后，再来和孩子沟通，让孩子做其他的某些事情，这时候孩子

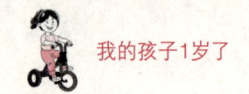

就不会那么抗拒了。

虽然父母的时间非常紧张，但是养育孩子可不就是一件很浪费时间和耗费精力的事情吗？与其让孩子大发脾气，躺在地上又哭又叫，还不如让孩子去做他想做的事情，等到孩子心情平和了再来找孩子。即使没有合适的东西用来吸引孩子注意力，也可以对孩子采取冷处理的方式，等到孩子哭闹累了，他们自然就会配合父母。像吃饭洗澡这些孩子每天要做的事情，父母不要心急地让孩子形成习惯，而是要等待孩子，让孩子发自内心地想做这些事情，这样孩子才更愿意配合父母。

吸引孩子的注意力，激发孩子的好奇心

　　一岁多的孩子很爱和父母作对，有的时候他们明知道父母希望他们这么做，他们却偏偏要那么做，他们明知道父母不希望他们做这一点，他们却又偏偏要做。看到孩子这样的表现，父母不由得感到抓狂，觉得孩子简直就是天生的冤家，那么孩子为何会这样呢？就是因为孩子进入了一岁之后，自我意识开始萌芽，越来越渴望着独立，所以他们不愿意再凡事都听从父母的命令，而更愿意有自己的主见，按照自己的意思去做很多事情。

　　对于一岁多的孩子，父母不要试图和他们讲道理，这是因为孩子根本就听不进去父母的道理，而且就算他们真的听懂了父母的道理，也不愿意按照父母的指令去做。一岁多的孩子还很小，身体很轻，如果父母是一个强权派，那么很有可能在孩子故意和自己作对的时候，把孩子抱走，强求孩子必须按照父母的想法去做。这会导致父母与孩子之间的关系非常紧张，孩子可能会因此而疏远父母。所以明智的父母不会采取这个简单粗暴的方式，而是会用另外一种迂回的方式来让孩子愿意听从父母的建议，对父母表示顺从。

　　要想让孩子对父母顺从，有效的方式就是要吸引孩子的注

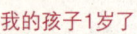

意力。很多孩子都充满好奇心，尤其对于那些未知的事物，他们更想知道其中的奥秘。如果父母能够吸引孩子的注意力，激发起孩子的好奇心，那么不用父母强求孩子来到身边，孩子就会主动来到父母身边，想要一探究竟。

吸引孩子的注意力有很多方式，首先可以用孩子感兴趣的东西来吸引孩子，例如孩子喜欢的玩具或者孩子喜欢吃的美食。此外，还可以用孩子喜欢玩的游戏来吸引孩子。孩子的天性就是爱玩，他们对于有趣的游戏没有抵抗力，所以父母可以做孩子喜欢的游戏，把孩子吸引到自己的身边。

除了用这两个方式来吸引孩子的注意力之外，父母还可以激发孩子的好奇心。一岁多的孩子好奇心是很强的，他们对于这个世界充满了好奇，每天看这个世界都是很新鲜的。其实孩子不仅看这个世界是新鲜的，看身边的人也是非常新鲜的。作为父母，要想吸引孩子到自己的身边来，可以不用直接呼唤孩子，而是背对着孩子做一些事情，让孩子不知道父母正在做什么。这样孩子就能够关注到父母的异常。在这种情况下，如果父母还能故意发出一些有趣的声响，那么孩子就会更加好奇，他一定当即放下手里正在玩的玩具，或者是停下手中正在做的事情，马上走到父母的身边一探究竟。

周末，妈妈着急出门买菜，一直喊豆豆和她一起出门，豆豆却赖在家里，不愿意出去，就像没听见妈妈的话一样，一直坐在沙发上玩玩具。妈妈看到豆豆听若未闻的样子，索性不再喊豆豆，而是开始换出门的衣服，还故意在往水杯里灌水的时候发出很大的声音。豆豆听见声音这才放下手里的玩具，好奇地看向妈妈。当他发现妈妈已经换上出门的衣服，立马来到妈妈的身边，伸出双手让妈妈抱他。妈妈这才蹲下对豆豆说："豆豆，我们要出去买菜，晚上做给爸爸吃，好不好？"豆豆点点头，乖乖地跟妈妈出门去超市了。

在这个事例中，妈妈想让豆豆跟随自己一起出门买菜，但是豆豆并没有搭理妈妈。妈妈便没有再喊豆豆，反而自顾自地收拾起来，做好出门的准备，还故意装水时弄出声音来吸引豆豆注意，激发起了豆豆的好奇心。这下子豆豆不是不愿意跟妈妈出门，而是生怕妈妈出门不带他，急迫地要和妈妈一起出门。

每个孩子都有很强烈的好奇心，父母一定要抓住孩子充满好奇心这个特点，激发孩子的好奇心，从而让孩子做出符合父母预期的事情。如果父母继续积极地采取这个方法，从而在与孩子的相处过程中，让孩子更加听话。

孩子喜欢"保护领地"

众所周知，在自然界里，有很多动物都喜欢划分领地。它们会在自己的地盘上留下气味，不允许其他动物入侵。一岁多的孩子领地意识非常强，他们也不喜欢别人侵入他们的领地，而且他们会想方设法地保护自己的领地。父母要了解孩子这样的特点，知道孩子不愿意让别人碰他，或者碰他的东西的原因，不侵犯孩子的领地，真正做到尊重孩子。

但是有一些父母即使知道孩子具有领地意识，喜欢保护自己的领地，也对孩子这样的行为和心态不以为然。他们偏偏故意侵犯孩子的领地，激怒孩子，却不知道孩子可能会因此而做出过激的举动。父母要尊重孩子，就要尊重孩子的领地意识，也要顺从孩子保护领地的行为，这样父母才能与孩子相处得更平和友好。

周末，爸爸妈妈带着哲哲去餐厅里吃饭。餐厅里的人非常多，哲哲和爸爸妈妈一起坐在一个靠窗的位置上。他们正在吃饭的时候，邻桌也有人在吃饭，那桌也有一个小朋友。那个小朋友看着三岁多了，是个小女孩，在她在吃完饭后，就从座位上下来，站在哲哲座位的后面玩，好几次碰到哲哲的板凳。几次三番被碰到板凳，哲哲非常生气，他忍不住站在板凳上，对着那个小朋友喊道:"不许碰!"看到哲哲这样的行为,妈妈觉得很不礼貌,对哲哲说:"这是餐厅,每个小朋友都可以在这里。"哲哲似乎没有听懂妈妈的话,眼睛里含着泪水,依然生气地喊道:"不许碰!"

这个时候,那个小朋友的妈妈转身对哲哲说:"小弟弟,对不起,姐姐不是故意的,我保证姐姐不再碰你的椅子了,好不好?"听到小朋友妈妈的话,哲哲妈妈觉得很不好意思,她说:"孩子小不懂事儿,实在抱歉。"小朋友的妈妈对哲哲妈妈说:"没关系。这个孩子大概一岁半了吧,正是领地意识非常强的时候。"

听到领地意识,妈妈很惊讶,问道:"什么是领地意识?"小朋友的妈妈说:"领地意识就是孩子不让别人碰他,也不允许别人碰他的东西。甚至有的时候爸爸妈妈带他出门,他也不愿意让爸爸妈妈牵着他,这并不是因为他不喜欢爸爸妈妈了,而是他不希望爸爸妈妈侵入他的领地。"听到小朋友妈妈的话,哲哲妈妈恍然大悟:"难怪有一次我带他出门的时候想拉他的手,他死活也不让我拉,非要自己走在我的身边。"小朋友的妈妈笑起来说:"这就是领地意识呀,一岁多的孩子领地意识是很强的,而且为了保护自己的领地,他们会做出一些排斥他人的举动。"

哲哲妈妈在和小朋友的妈妈进行了一番谈话之后,对于领地意识有了一定的了解,回到家后,她赶紧搜索了很多关于一

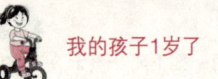

岁多的孩子领地意识强的资料，这才理解，一岁多的孩子会做出保护领地的行为。父母尊重孩子，也顺从孩子的领地保护行为，就能避免孩子做出过激的行为。所以，当孩子形成领地意识也做出保护领地的行为时，父母要更加尊重孩子，要顺从孩子，并且最好不要触碰和侵犯孩子的领地。

有些孩子在家里玩的时候会划分自己的领地，例如，他们会在客厅里开辟出一块属于自己的地方，在这里堆满了玩具，或者在这里搭上小帐篷。他们不允许爸爸妈妈进入他们的领地，领地意识不仅仅局限在孩子们会保护他们所处的空间，而且也表现在孩子们会保护他们的身体。有些孩子的领地意识非常强，他们有时会不允许别人甚至父母触碰他们的身体，当然这只是一时的思想表现，而不会始终存在。在孩子的领地意识非常强的那一段时间里，父母要尊重孩子的领地意识，不要故意侵犯或者激怒孩子。

不小心侵犯了孩子的领地，是亲子矛盾发生的一个重要原因。父母不要对孩子的领地保护行为不以为然，父母要帮助孩子形成正确领地意识，而且要立刻改正自己的行为，退出孩子的领地，例如，把手从孩子的东西上拿开，或者与孩子的身体保持一定的距离，也要及时地向孩子道歉。孩子感受到父母对他们的尊重，情绪就能够恢复平静，也会因为他们的领地得到了父母的尊重，而更愿意接纳和亲近父母。

领地意识并不是一岁多孩子的专属，父母会发现，随着不断成长，孩子再长大一些之后，也依然会有领地意识，也依然会做出保护领地的行为。这表现在孩子渐渐地有了隐私，所以从某种意义上来说，领地意识和保护领地的行为与孩子长大之后的隐私意识和保护隐私的行为是相对应的。那么，父母要想培养孩子独立自主的意识和生活习惯，就要更加尊重孩子，也要能够顺从孩子保护领地的行为，这样才能够友好地与孩子相处。

做好安全保护工作

家庭环境虽然相对的安全，但是要想让孩子在家里玩得安全又尽兴，父母就要提前做好很多准备，尤其是要做好安全保护工作。否则孩子在家里也有可能把家搅得天翻地覆，而且受到意外的伤害。

一岁多的孩子不再像几个月大的婴儿一样只躺在床上玩耍，他们会爬到更高的地方，也会动各种危险的东西。父母在家里为孩子营造安全的环境，就一定要注意到方方面面的细节。在网络新闻上，有很多因为家里的安全隐患，造成孩子受伤，甚至失去生命的案例，这样的新闻让每一个父母都感到非常痛心。为了避免这样的悲剧发生，父母一定要关注到孩子的成长安全，也要对孩子进行全方位的保护，这样才能够保证孩子的安全，让孩子在家庭中健康快乐地成长。

要注意那些可以推动的家具。一岁多的孩子基本可以自由行走，而且身体力量已经得到了增强，他们可以推动不少小家具，比如小的床头柜，还有一些椅子板凳等东西，孩子都可以推着走。在推动东西的过程中，如果发生侧翻，就可能压伤孩子。

还有些家具是有抽屉的，如果孩子把抽屉打开，踩着抽屉往上爬，很可能使家具发生侧翻，压伤孩子，更有可能开关抽屉时把手指挤伤，这样一来，孩子也会受到伤害。那么为了避免孩子发生危险，最好把抽屉锁上。

还有一些家具上面有玻璃，所以父母在考虑到孩子的安全问题时，也要关注这些带有玻璃的家具。毕竟玻璃是容易打碎的，哪怕是钢化玻璃也有碎裂的危险，千万不要等到玻璃碎裂给孩子造成伤害之后，再追悔莫及，而是要在发生意外之前就意识到危险的存在，从而起到防患于未然的作用，这样才是对孩子负责的态度。

除了这些存在风险的家具之外，还有一些玩具也可能会对孩子造成伤害。例如，有一些毛绒玩具会让孩子有窒息的危险，还有一些细小的玩具，孩子一旦吞食了这些零件，就会造成身体伤害。此外，诸如书本等东西也会对孩子造成伤害。父母在挑选玩具和书本时要注意产品质量，同时在保管这些东西的时候，把它们放在孩子拿不到的地方，当孩子玩玩具时，父母要在旁边监护孩子。

在家庭中，厨房、卫生间等有水电和燃气，以及明火的地方，对孩子来说都是非常危险的。父母一定要把卫生间和厨房的门关好，毕竟一岁多的孩子不知道什么是危险，他们只是满心好奇，只要能够够到的东西，他们都想去触摸，甚至还会把一些东西放到嘴里去品尝。

也有一些家庭里的房子比较大，家里有楼梯，那么对于

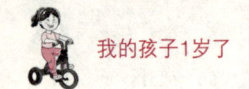

孩子来说，楼梯是一个非常危险的地方。一岁多的孩子还不能够自如地上下楼梯，一旦从楼梯上翻滚下来，就会造成身体伤害，甚至还会危及生命。父母可以为楼梯装上安全门，这样就能够避免孩子从楼梯上坠落。除了这些会对孩子造成危险的东西之外，还有一些东西是比较贵重的，或者是容易打碎的，父母要妥善地保管这些东西。毕竟如果父母不妥善保管，一旦打碎了这些贵重的东西，就会造成财产的损失，而且会给孩子造成伤害。如果父母因为心疼某个东西而责备孩子，孩子一定会感到非常委屈。

此外，在家庭生活中，当孩子不声不响地在某一个地方待着的时候，父母一定要引起警惕。如果孩子长时间没有发出响动，那么很可能意味着他们是在捣乱。如果孩子一不小心闯了祸，父母也不要羞辱或者是责骂孩子，毕竟一岁多的孩子不会刻意地和父母捣乱，他们只是因为认知能力有限，而且不知道什么是危险，才会在无知无觉的情况下做出这些举动。作为孩子的监护人，父母要更好地管教孩子，也要用心地保护孩子，这才是对孩子负责的态度。

用简单的语言和孩子沟通

对于一岁多的孩子来说，他们已经掌握了少量的语言，也能够准确地说出一些词语，还有些孩子甚至可以说出较短的句子。很多父母都为此感到欣喜，觉得自己终于可以和孩子沟通了，内心里有压抑不住的兴奋。实际上，此时距离父母能够顺畅地与孩子沟通还相差很远呢！

对于一岁多的孩子而言，他们还不能够完全通过语言来表情达意，尤其是表达自己复杂的心思。所以当孩子犯错误的时候，或者父母对孩子感到不满的时候，切勿对孩子喋喋不休地说个没完，也不要反复指出孩子错误。因为一岁多的孩子并不具备自我反省的能力，他们更像是一个简单的机器人，只能接收最简单直接的语言作为指令，选择执行父母的指令或者不执行父母的指令。他们还没有能力去和父母讨价还价，或者通过反复沟通的方式和父母之间达到一个平衡点。父母要了解孩子的这个特点，不要觉得孩子对父母的话听不进去，也不要觉得孩子是故意在和父母作对。他们不能很好地控制自己的行为和思维，所以父母最好对孩子下达指令，让孩子去执行。当然，孩子不愿意执行也没有关系，因为孩子拥有自主选择的权利。

作为父母，不能强求孩子接受指令，或者是拒绝执行指

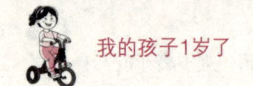

令，但是父母却可以控制自己以怎样的语言和孩子沟通。父母应该了解一岁孩子的语言发展的能力和思维发展的能力，从而选择以孩子能够听懂的语言和孩子沟通，这样才能够起到教育和引导孩子的良好效果。

才五月，皮皮就每天都闹着要吃冰激淋，但是此时气温还比较低。皮皮才一岁多呢，如果经常吃冰激淋，一定会脾胃虚寒，所以妈妈每次都会拒绝皮皮的请求。这一天，气温达到了二十七八度，皮皮在外面玩了半天，满头大汗地回到家里，就开始扒拉冰箱的门。妈妈知道皮皮又想吃冰激淋了，喋喋不休地对皮皮说："现在天气还不够热，所以不能吃冰激淋，等到气温足够高了，天气特别热的时候，妈妈每天都给你吃一个冰激淋，好不好？"皮皮瞪着无辜的大眼睛看着妈妈，眼神里满是失望。这个时候妈妈也不知道应该如何跟皮皮解释了，因为皮皮还在使劲地扒拉冰箱的门。

正在这个时候，爸爸回来了，看到皮皮的举动，爸爸知道皮皮又想吃冰激淋，便直截了当地对皮皮说："没有冰激淋！"听到这五个字，皮皮马上满脸失落地去沙发上坐着，噘起小嘴，一点儿都不高兴。妈妈看看爸爸，感到非常神奇，说："我喋喋不休跟他解释了一大堆了，他也不听话，但是你说了五个字就这么管用！"爸爸哈哈大笑起来，说："这就是孩子的思维，孩子只能接受最简单的指令，其实男人也是这样，喜欢接受简单直接的指令，而不像女人那样说一句话要铺垫很多。你就把皮皮当成一个机器人就好,向皮皮输入简单指令,皮皮就会执行,或者拒绝执行,这是多么简单明了的事情啊!"

爸爸说得很对,孩子属于简单直接的思维,所以他们更喜欢接受直接的指令。在和一岁多的孩子沟通时,妈妈也要习惯孩子的思维方式,给孩子下达最简单直接的指令,这样亲子沟通才会更直接有效。

等到孩子渐渐长大,有了自己的思维,也能够对很多问题

做出自己的判断，妈妈再和孩子讲道理也不迟。在孩子一岁多这个阶段，可以给孩子讲故事听，也可以说一些让孩子开心的话，但是切勿尝试着跟孩子讲那些大道理。毕竟对孩子来说，他们只关心眼前，也只关心当下的快乐。所以妈妈如果有冰激淋就给皮皮吃，如果没有冰激淋，就告诉皮皮没有冰激淋，这样就解决了问题。

很多人都听说过电报式语言，所谓电报式语言就是用言简意赅的语言表达最原始的意思。和孩子说话的时候，父母会发现孩子说的也是电报式语言。一岁多的孩子并不能说长长的句子，他们只会说意思最核心的部分，例如，他们想喝水就会说水；孩子想吃饭，他们就会说饭；如果孩子想出门，他们就会说走。再配合观察孩子的表情和行为举止，父母就会知道孩子真实的意思，就能够有效地与孩子沟通。

对孩子下达指令的时候也要用简单直接的语言。例如，父母可以重复孩子的话，然后将其变成一个句子，这样一来，孩子在听这个句子的时候，就会积累更多的词汇，也会学习父母的表达方式，渐渐地能够用长句来表达，语言的能力也会越来越强。

允许孩子用行为发泄情绪

人是情感动物,一岁的孩子也一定会产生各种各样的情感,在这种情况下也会发生不同的情绪。当然,孩子不可能始终都保持情绪愉悦,当孩子感到不满意或者是心情焦虑的时候,他们就会出现负面情绪,进入情绪的波谷,甚至会大发脾气。

父母要随时能够觉察到孩子情绪的异常。如果孩子的情绪非常糟糕,选择直接发泄出来,那么父母要安抚孩子的情绪。也有的时候,孩子只是心情比较落寞,他们像成人一样落落寡欢,不愿意把情绪表达出来,或者说他们的语言能力还不足以把这样的情绪表达出来,那么在这样的情况下,父母就要默默地观察孩子,也要允许孩子用行为来发泄不良情绪。

那么孩子在情绪不好的时候又会做出哪些举动呢?当孩子情绪不稳定或者是内心失落的时候,有的孩子会吮吸自己的大拇指,有的孩子喜欢叼着奶嘴,还有的孩子喜欢抱着自己最信任和依赖的玩具,这样的举动都表明他们的情绪出现了小小的波动,父母要支持他们以这样的举动来恢复情绪的平静,而不要禁止孩子表达和发泄情绪。

虽然吮吸大拇指、吃奶嘴等对于一岁多的孩子来说都是不好的习惯,但父母也要根据实际情况来判断。随着事情的发展

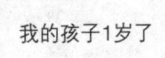

变化，作为事件主角的孩子也处于不同的状态之中，父母要允许孩子做出一定的举动，要给孩子破格，要特别对待孩子。有的孩子因为有一个愿望没有得到满足，所以心情非常失落，他也许会自己默默地蜷缩在一个角落里吮吸大拇指。放在平时，妈妈一定不允许孩子吮吸大拇指，但是心情落寞的时候，孩子还是会情不自禁地吮吸大拇指，甚至还会吮吸很长的时间，那么，妈妈就可以破格对待孩子，让孩子静静地享受这样的自我安抚时光。

对于孩子而言，如果吮吸大拇指的坏习惯不会对孩子造成实际的伤害，那么，父母就应该最大限度容忍孩子这么去做，毕竟对于孩子来说，这样做能够帮助他们恢复内心的平静，保持情绪的平稳，而且也能够让他们的心情更加愉悦。这是以最小的成本帮助孩子发泄不良情绪，父母要给予孩子一定的宽容。

琪琪已经一岁多了，但是他还是一直在吃安抚奶嘴。妈妈一直试图帮助琪琪戒掉对安抚奶嘴的依恋，但是都没有成功。有的时候，妈妈会提醒琪琪不要吃安抚奶嘴，琪琪意识到自己的行为不好，也会控制自己。

有一天，妈妈带着琪琪在小区的广场上玩，琪琪和一个小朋友发生了矛盾。琪琪的脸被那个小朋友挠破了，他情绪非常低落，哭了很长时间，妈妈不知道如何安慰琪琪。回到家后，琪琪自己蜷缩在沙发的角落里，情不自禁地就拿出安抚奶嘴含在嘴里，一边吃一边睡着了。妈妈原本想把安抚奶嘴拿下来，但是爸爸制止了,爸爸说:"孩子心情不好,想通过这种方式得到安慰,就让他如愿一次吧!"

听了爸爸的话,妈妈心中释然:是啊,吃安抚奶嘴并不是一个特别糟糕的坏习惯,而且孩子心情正在低落的时候,如果能够通过这样的方式得到安慰,岂不是很好吗?妈妈没有动琪琪的安抚奶嘴。琪琪叼着安抚奶嘴,睡了两个多小时,醒来之后非常精神,而且心情也非常好。妈妈不由得庆幸自己做出了一个正确的决定。

成人在心情不好的时候,会做出各种各样的举动来发泄不良的情绪。那么对于孩子来说,也会有自己的方式来发泄不良情绪。当父母发现孩子情绪不佳,又做出一些安抚自己的举动时,最好不要制止孩子,让孩子能够安心地享受片刻内心宁静的时光,这对孩子来说也是非常有意义的。

允许孩子发泄情绪,也是父母尊重孩子的表现。一岁多的孩子虽然还没有明确的自我意识,但是他们是独立的生命个体,他们有自己的思想,也有自己的情绪。父母在和孩子相处的过程中,一定要把孩子看成是世界上独一无二的存在,也要发自内心地尊重孩子,平等地对待孩子。只有这样,父母与孩子才能更好地相处。父母一定要允许孩子做出一些不那么糟糕的举动,也要更加包容和理解孩子。

当然,如果孩子发泄情绪的方式是比较激烈的,例如,有些孩子喜欢砸东西,有些孩子喜欢咬人,还有些孩子喜欢破坏东西，那么父母就要及时制止孩子，毕竟这种方式是非常糟糕的，会给孩子自己和他人带来伤害，也会让孩子成为情绪的奴隶，无法主宰和控制情绪。父母要及时对孩子加以引导，让孩子以良好健康的方式来发泄情绪，对孩子进行精神上的安抚，这样才是更好的教养方式。

第09章
1岁孩子麻烦事很多——别害怕，我们帮你解惑

在很多父母的心里，一岁的孩子就是麻烦的综合体，除了会给父母带来很多惊喜，他们也给父母带来很多惊吓。有的时候，父母猝不及防地被孩子吓到，往往会哭笑不得，那么面对孩子这么多的麻烦事，作为父母又该如何应对呢？别着急，接下来我们就列举一些孩子在一岁阶段会遇到的麻烦事，一起各个击破攻克难关吧！

孩子不喜欢吃东西

博博一岁六个月了，他身体健康，情绪乐观，但是唯独有一个不好的地方，那就是他不认真吃饭。很多孩子看到好吃的东西都狼吞虎咽，但是博博似乎对所有食物都不太感兴趣，他吃东西也吃得不多，只是吃上几口。妈妈一直担心博博会营养不良，只好让博博一直坚持喝奶粉，以弥补他饮食上的不足。

吃饭的时候，博博总是三心二意，他从来不愿意和家人一起坐在餐桌上吃饭，而是要求坐在茶几边上一边看电视一边吃饭。如果没有他喜欢看的电视节目，他就会一边玩玩具一边吃饭。在玩玩具的时候，他没法把饭送到自己的嘴里，所以只能要妈妈给他喂饭。也许正是因为如此，所以博博从来对吃饭都不热心。当很多同龄人都能够用勺子吃饭的时候，他还需要妈妈喂饭，这让妈妈非常发愁。

而且博博特别喜欢喝奶粉，每天早晚他都要各喝一大瓶奶粉。有一次去体检，医生检测出博博的身高和体重都处于同龄人中较低的水平，因而建议妈妈要给博博增加丰富的饮食。妈妈非常为难，说："这个孩子如果不喝奶粉，肯定会更营养不良的，他不爱吃饭，只有每天都坚持喝奶粉，才弥补了饮食上的不足，这可怎么办呢？他已经一岁半了，总不能一直靠着喝奶粉来摄取营养吧？"

孩子越长越大，奶粉的营养成分显然已经不足以维持孩子正常的生长。博博小时候还可以靠着喝奶粉来保证营养供给。等到博博越长越大，那么这些奶粉并不能够支持他的成长，所以他必然会出现发育滞后的现象。博博的玩心很重，对周围的一切东西都充满好奇。他可以把看到的或者拿到的所有东西都当成玩具来玩，吃饭的时候难免会分心。

其实，博博的食欲是正常的，他之所以不愿意吃饭，就是因为贪玩，也没有养成良好的用餐习惯。那么，妈妈需要做的是帮助博博戒掉一边看电视一边吃饭，或者是一边玩玩具一边吃饭的坏习惯，这样博博就能够更加专心地吃饭，也可以品尝到食物的色香味，从而对食物产生更大的兴趣。

此外，对于一岁半的孩子来说，已经没有必要早晚各喝一大瓶奶了，所以父母可以逐渐减少博博喝奶的量，每天只给博博喝一瓶奶，这样博博才有更多的胃部空间来容纳美味的食物。毕竟孩子肚子很小，胃部的空间是有限的。

当孩子出现不喜欢吃东西的情况时，父母要分析孩子为什么不喜欢吃东西。有些孩子是因为身体不舒服；有些孩子是因为他们对食物有特别的偏好；还有一些孩子则是因为贪玩。只有找到孩子不喜欢吃东西的真正原因，父母才能够给予孩子更好的照顾。

孩子晚上不愿意睡觉

小美是一个非常乖巧懂事的女孩，不管是吃饭还是睡觉都让人省心。但是自从进入一岁三个月之后，她的睡眠状态就很不好。从前，她晚上很少醒来，但是现在她每天晚上都要醒三四次，醒来后，她总是不停地哭闹，而且会哭很长时间。爸爸妈妈问她什么，她都不回答。全家人都被小美吵得变成了熊猫眼，全都情绪焦虑。

妈妈也曾经接受育儿专家的建议，尝试着不去哄小美，想着小美哭累了，自己就会又睡着了。但是当妈妈这么做的时候，小美居然嚎啕大哭了将近两个小时，直到妈妈下床去给小美喂了一些水，又让小美去厕所小便，小美才算恢复了平静，渐渐地入睡了。这简直太糟糕了，毕竟爸爸妈妈第二天都要上班，爷爷奶奶的年纪也很大了，如果晚上睡不着觉，白天又怎么有精神呢？所以妈妈决定还是再去向儿科专家咨询，看看小美到底为什么会出现这样的情况。

在和儿科专家说了小美的情况后，儿科专家建议妈妈先了解小美白天生活的情况，看看是否有特殊情况。妈妈平时白天要上班，并不知道小美的白天是如何度过的，后来到了周末，妈妈陪了小美整整两天，这才发现，小美在公园里很喜欢和一个比她大一岁的小男孩一起玩。小美和这个小男孩玩的时候,一开始还非常和谐,但是玩到后来,就因为争抢玩具而打了起来,小美比男孩小一岁,打不过男孩,被小男孩打得哇哇直哭。有的时候小男孩还会趁小美不防备,把小美推倒在地上。妈妈看到小美满脸泪痕,受到惊吓的样子,似乎找到了小美夜里啼哭的原因。

妈妈对爷爷奶奶说:"小美应该就是因为白天受到了惊吓,所以晚上睡觉才不踏实的,以后要让她白天尽量平静地玩耍,不要让她和那些攻击性很强的孩子在一起玩。其实,小美还是很胆小的,她如果白天受到攻击,夜里就会感到很害怕。"爷爷奶奶都觉得妈妈说得很有道理,因而刻意带着小美避开那个男孩,在经过一段时间的调整之后,小美夜里惊醒啼

哭的现象有了明显好转，她又能够从晚上一直睡到第二天早晨了，全家人也终于拥有了好睡眠。

在情绪不稳定的状态下，孩子很难拥有安稳的睡眠，这是因为孩子的神经发育系统还不完善，他们在白天受到惊吓，在夜里，这种恐惧就会延伸到睡梦之中。尤其是一岁多的孩子，他们因为刚刚学会走路，开始接触更多的人，所以在生活中更容易受到惊吓。作为父母，在发现孩子夜里无端哭泣的时候，一定要关注孩子白天的生活。在孩子哭泣的当时，父母可以带孩子去厕所小便，或者给孩子喝一些水，这能够让孩子从梦魇的状态中清醒过来，停止哭泣。

也有一些孩子因为作息习惯不好，会出现晨昏颠倒的现象，有的孩子白天午睡的时候睡三四个小时，这使他们在晚上睡觉的时候睡不踏实，因为他们并不困倦，所以处于浅睡眠的状态，很容易惊醒。有些孩子半夜醒来之后会喜欢玩一会儿，在这样的状态下，父母可以尽量满足孩子，陪着孩子玩一会儿，然后要慢慢地调整孩子的作息时间，让孩子白天午睡的时候睡得时间短一点，这样晚上睡觉的时候睡的时间就会长一点，睡眠更深一点。渐渐地，孩子就能够调整好作息规律，不会再在夜晚啼哭了。

孩子不愿意洗澡

一岁半的豆豆是一个乖巧可爱的孩子,长得虎头虎脑,很招人喜欢。爸爸妈妈每次带着豆豆出去,都会引来他人羡慕的目光,他们也为此感到非常骄傲。但是豆豆也有一个方面特别不好,让爸爸妈妈非常苦恼,那就是豆豆不喜欢洗澡。豆豆不喜欢洗澡,不是普通的排斥洗澡,而是在每次洗澡的时候都会嚎啕大哭,从开始洗澡一直哭到洗澡结束,甚至有的时候到洗澡结束一段时间后才能不哭,恢复正常的玩耍。

其实豆豆不是从出生就不喜欢洗澡的,小时候,豆豆还是很喜欢洗澡的。但是自从一岁之后,豆豆就不喜欢洗澡了,这是为什么呢?在洗澡过程中,豆豆不仅一直在哭泣,而且还会不停地踢打,把水弄得爸爸妈妈满身都是。看到这样的情况,爸爸妈妈又生气又无奈。

一个偶然的机会,妈妈听了一位育儿专家的讲座。这位育儿专家在讲座之后,给了一定的提问时间,妈妈就把豆豆的这个问题给提出来了。育儿专家回答妈妈:"孩子不喜欢洗澡一定是有原因的,因为孩子一开始是喜欢洗澡的,你们是否试图寻找这背后的原因呢?例如,孩子是否换了洗澡桶,是否换了洗澡的毛巾,如果常用的用品没有更换,可以看看洗澡的水温

是否合适。你们可以观察孩子洗完澡之后皮肤是否有发红的现象，因为孩子的皮肤很娇嫩，如果父母觉得水温刚刚好，很有可能就会烫到孩子。"专家的话让妈妈茅塞顿开，她很羞愧地说："我从来没有考虑过这些问题，只觉得孩子是排斥洗澡。今天晚上回家，我就来检查这些问题，看看问题到底出在哪里。"

　　回到家里之后，妈妈发现，在一岁之前，都是由爸爸为豆豆放洗澡水。但是一岁之后，豆豆洗澡，都是由妈妈放洗澡水。妈妈本身比较怕冷，所以洗澡的时候喜欢用偏热的水，看来是洗澡水的温度出了问题。以前给豆豆洗完澡之后，妈妈确实发现豆豆的身体皮肤有一点发红的现象，原来豆豆是因为不喜欢过烫的洗澡水才排斥洗澡的呀！当天晚上，妈妈让爸爸给豆豆放了洗澡水，这次豆豆虽然在入水的时候哭闹了一会儿，但是后面则非常享受，躺在那里让爸爸妈妈给她洗澡。妈妈忍不住愧疚地说："看来，是我放的洗澡水太烫了，真是可怜啊，孩子被烫得哇哇哭，也不会说。"

很多孩子不喜欢洗澡，或者是因为水太烫，或者是因为浴盆不合适，或者是因为不喜欢洗头，也有可能是沐浴露进入了他们的眼睛里，让他们感受到刺痛，给他们造成了心理阴影。总而言之，孩子不喜欢洗澡一定是有原因的，父母不要觉得孩子只是单纯地排斥洗澡，而是要寻找孩子不喜欢洗澡背后隐藏的原因，这样才能够有的放矢地解决问题。

也有一些父母给孩子洗澡的方式比较粗鲁，例如他们会用毛巾擦拭孩子的皮肤。婴幼儿的皮肤是非常娇嫩的，角质层特别薄，有些方式对父母来说很适用，但是对孩子来说是无法承受的。很多父母都喜欢用搓澡巾搓澡，但是对几岁的孩子用搓澡巾，孩子肯定会痛得哇哇大叫。所以父母不要把自己的感受套用在孩子身上，而是要设身处地地考虑孩子的感受，要以孩子的感受为准，为孩子调整洗澡设备、温度等，这样孩子才会觉得洗澡是一件舒适的事情。

孩子喜欢咬人、打人

佳佳是一个攻击性很强的小孩儿，他长得很强壮，身高也比普通的孩子高。他性格非常开朗，但却很喜欢咬人、打人。才进入幼托班一个多月，妈妈就几次接到老师的反馈，说佳佳咬了这个小朋友，打了那个小朋友，佳佳成了班级里的捣蛋大王。妈妈觉得不好意思，一遇到那些被佳佳伤害过的小朋友的家长时，妈妈也总是连声道歉。

妈妈在家里经常教育佳佳不能打人、咬人，但是佳佳似乎以此为乐。有一天晚上，妈妈正专心致志地看电视节目，佳佳走到妈妈身边，突然张开大嘴用力地咬了妈妈的胳膊，妈妈疼得哇哇大叫，眼圈都红了，但是佳佳却高兴得哈哈大笑，他觉得这真是一件有趣的事情。

佳佳还有一个奇怪的习惯，那就是每天晚上和爸爸妈妈说完晚安之后，他会和爸爸妈妈互相亲吻，但是他在亲吻完爸爸妈妈之后，经常会趁着爸爸妈妈没有防备的时候，用肉肉的小巴掌打在爸爸妈妈的脸上。打完之后他同样高兴地哈哈大笑。看来对佳佳而言，咬人、打人这样的行为并不是在伤害别人，而是一件有趣的事情。如何才能够让佳佳认识到这件事情是不该做的呢？为了让佳佳感受到被咬被打的痛苦，每次被佳佳咬了之后，妈妈就会当即咬回去，被佳佳打了之后也会当即打回去。妈妈想用这样的方式让佳佳知道咬人、打人的行为是不对的，但是这样的方式所产生的效果是很短暂的，也许当时有用，但是过不了多长时间，佳佳就又故态重发了。到底如何做才能够帮助佳佳改掉咬人、打人的坏习惯呢？

一岁多的孩子正在长牙，牙床非常痒，所以他们就会通过咬各种东西，缓解牙床又疼又痒的感觉。有些孩子长牙非常早，甚至四个月就长出牙齿，他们在吮吸母乳的时候就会咬妈妈的乳头，使妈妈疼得哇哇大叫。他们并不知道这样做会使妈妈疼，只是他们在咬妈妈的时候，他们的牙床会觉得很舒服。过了长牙期，大部分孩子就会渐渐地改掉咬人的坏习惯，然而也有一些孩子会延续咬人的习惯，这是为什么呢？

如果父母长期坚持观察孩子，就会发现孩子在非常疲惫的时候，比如在准备睡觉的时候会咬人，也有的孩子在特别兴奋的时候会打人，这是因为他接受了太多的刺激，精神进入了亢奋的状态。还有的孩子在感受到压力后，会咬人、打人，所以在孩子一岁多之后的这段时间里，父母还要注意不要给予孩子太大的压力。看到这里，也许有些父母会说："我们怎么可能会给孩子压力呢？孩子每天就是吃喝玩乐！"的确如此，父母也许不可能给孩子分配重要的学习任务，但是却会对孩子寄予过高的期望，在和孩子说话的时候过于严肃或者是对孩子提出太多的要求，这些都会让孩子感受到压力。但

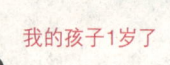

是孩子才一岁多，他们又不能够用语言把自己的心里感受说出来，也不能够有效地排解这些压力，这样他们就会做出一些过激的举动。

对于打人的孩子，很多父母会用咬回去或者打回去的方式试图惩罚孩子，实际上这样的效果是很有限的，而且持续的时间很短，最重要的是这样做还可能会产生负面的效果，让孩子渐渐地形成以暴制暴的思想。其实，在孩子咬人打人之后，父母可以尝试用另外一种方法让孩子认识到自己的错误，那就是在保证孩子安全的情况下，让孩子单独坐在某个地方，或者是

自己待在房间里，待五到十分钟。让孩子有时间去反思自己的错误，渐渐地意识到自己咬人、打人是不对的。

对于孩子而言，如果他们知道咬人、打人是对他人的攻击和伤害，会给他人带来痛苦，相信他们不会故意这么做。大多数孩子在咬人打人之后都会表现得非常兴奋，是因为他们觉得这是一件有趣的事情。作为父母要相信孩子有改正错误的能力，也要给予孩子时间，引导孩子去改正错误。

孩子习惯了咬人和打人，当走出家庭之后，与小朋友们肯定不能和谐相处，所以父母要早早地帮助孩子改掉这个坏习惯，否则孩子在幼儿园里会非常孤独和寂寞。

父母要端正态度对待孩子的各种行为，父母虽然爱孩子，却不能无限度地溺爱孩子，更不能让孩子形成错误的认知，毕竟孩子将来不可能永远在家庭中生活，而是要走出家庭，走入社会，与很多人相处。父母要早早地为孩子做好这方面的准备，这样孩子才会拥有良好的人际关系。

必须坚持对孩子进行正面管教吗

近些年来,正面管教的教育理念非常流行,很多教育家,也有很多年轻的父母都主张要对孩子坚持正面管教。那么,什么叫正面管教呢?所谓正面管教,就是以积极的方式教育和引导孩子,不以消极的方式对孩子造成负面影响,也不会训斥、批评和否定孩子,常常鼓励孩子。这样的教育方式对孩子来说如同春风化雨,也许会起到良好的效果,但是对于有些孩子做出的某些特定的行为来说,正面管教的效果就会大打折扣。那么,在什么情况下应该坚持正面管教,在什么情况下又应该对孩子进行严厉的训斥呢?这就需要父母们把握好其中的度,进行仔细甄别。

即使对正面管教进行深入的阐述,也依然有父母不能够理解正面管教。举个简单的例子,父母想提醒孩子不能随便打开门,按正面管教的理念,那么要告诉孩子"关门",而不是告诉孩子"不要随便打开门"。前一种说法能让孩子知道他应该怎么做,而后一种说法只是禁止了孩子做某件事情,有可能会引起孩子的好奇,也有可能孩子会自动忽略"不要"这两个字,而随随便便地就把门打开,这样很容易会导致危险。

再如，在家庭生活中，有些孩子特别喜欢拿那些容易碎的东西，父母为了制止孩子拿那些容易碎的东西，会对孩子说"不要碰，玻璃杯和陶瓷碗很摔碎"这样的话。这样的话对孩子来说虽然很委婉，但是比较绕，孩子在听了这样的表达之后，根本不能理解父母的意思。如果坚持正面管教的方式，就应该告诉孩子"放下玻璃杯，放下陶瓷碗"，这样孩子当即就会知道自己应该怎么做。

很多父母都习惯性地对孩子说否定的话，以提醒孩子哪些事情不能做，实际上如果能换一种方式告诉孩子，对于教育孩子的效果将会更好。但是也有一些情况下，孩子并不那么愿意听从父母的指令，尤其是一岁多的孩子，他们更想按照自己的行为方式去做很多事情。父母如果以正面管教的方式反复叮咛孩子，未必能够起到良好的效果，那么就可以对孩子进行适度提醒。例如，当孩子犯了一个错误的时候，父母可以给予孩子小小的惩罚，让孩子记住自己所犯的错误。

从正面管教的角度来说，当孩子做得很好的时候，父母应该奖励孩子，从而强化孩子正确的做法。为了加深孩子对某件错事的印象，父母还可以适度惩罚孩子，让孩子下一次不再继续犯同样的错误。

当然，每一个父母都希望自己能够把孩子教育得非常好，也希望孩子在成长过程中会有特别出色的表现，但是实际上每个孩子都是独立的生命个体，他们在成长过程中的表现并不可

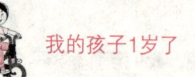

能是完全一致的。如果正面管教不能起到良好的效果,那么父母就要很坚决果断地对孩子说"不",这样孩子就会明确知道他们有哪些事情是绝对不能做的,这对于帮助孩子确立行为边界,保障孩子的安全是很重要的。

  细心的父母会发现,孩子在学习说话的时候,最开始经常说的词语就是"不",他们会用"不"来宣示自己的行为边界,也用"不"来宣示自己的权力。作为父母,当然要注意到孩子学习语言的这种先后顺序,所以为何一定要避免对孩子说"不"呢?世界是非常复杂的,孩子不断成长,终究要面对这个复杂的世界,如果在孩子小时候,父母一直在为孩子营造一种虚假单纯的表象,那么孩子渐渐地就会无法适应残酷的真相。父母更应该让孩子学会接受不同的生活面貌,这对于孩子而言将是非常有好处的。

  具体来说,即使在坚持对孩子进行正面管教时,父母也可以在家庭中对孩子说"不"。例如,在厨房和卫生间的门上贴上一个"不可以"的标志,这样就可以时刻提醒孩子不能进入厨房、卫生间这样比较危险的地方。再如,在冰箱放冰激淋的那个位置的门上贴上一个"不可以"的标志,这样孩子就会知道他们如果没有爸爸妈妈的许可是不能吃冰激淋的。当他们自己想去拿冰激淋吃的时候,只要看见这个标志,就会想起爸爸妈妈对他们的警告。在很多电器的上面,也可以贴上"不可以"的标志,让孩子知道这些电器是不可以触碰的。

虽然这些方式并不属于正面管教的范畴，但是在教育孩子的过程中的确会起到非常好的效果，尤其是在家庭生活中，在保障孩子的生命安全方面，也是效果显著的。所以父母无须一直坚持对孩子进行正面管教，而是应该根据孩子的身心发展特点，根据孩子的脾气秉性，选择以适宜的方式对孩子开展教育，这才是真正的因材施教。

孩子为何不愿意吃肉类和蔬菜

丽丽是一个一岁半的乖巧小女孩，性格也很和善，但是她却有一个不好的特点，那就是她只喜欢喝奶粉，不喜欢吃肉类和蔬菜。在生长发育的过程中，丽丽因为缺乏营养而导致身体发育得不够健康，她的体重比同龄的孩子要轻，她的身高也没有同龄的孩子高。但是除了不喜欢吃肉和蔬菜之外，丽丽对于水果和各种奶类的制品还是非常喜欢的。

每天早晨，丽丽都会吃鸡蛋牛奶和麦片粥，也会吃一些水果。晚餐，丽丽会吃面包、饼干，还会用花生酱来涂抹切片面包吃。中午的一餐是最丰盛的，丽丽会吃面条，但是她不管吃什么，都不希望饭菜里出现蔬菜和肉类，这让妈妈非常头疼。因为随着丽丽不断地成长，奶的营养已经不足以让丽丽保持快速的生长势头。如何才能够让丽丽喜欢吃肉类和蔬菜呢？妈妈为此而感到烦恼。

其实，不仅丽丽不喜欢吃肉类和蔬菜，有很多一岁多的孩子也不喜欢吃肉类和蔬菜，这是为什么呢？因为蔬菜是粗纤维的食品，孩子在咀嚼的时候很难把蔬菜咀嚼得比较充分，而肉类，对于孩子来说也是一种比较硬的食物，很难嚼烂。这是大多数孩子都不喜欢吃肉类和蔬菜的原因。

当确定了孩子排斥这两种食物的原因，父母就可以改变方式来烹饪这两种食物，例如可以把肉类加工成肉糜，做成丸子给孩子吃。对于那些粗纤维的蔬菜，也可以切成比较细小的块儿，放到面条或者是米饭里给孩子吃，这样孩子在吃肉和蔬菜的时候就不会感到麻烦，渐渐地就会爱上吃肉和蔬菜。此外，肉类和蔬菜还可以放在一起混合起来，加入鸡蛋面粉等做成肉菜饼，这是孩子非常喜欢的食物。

当孩子表现出明确的意愿，不愿意吃肉类和蔬菜的时候，父母不要一味地强求孩子吃。因为如果父母总是强迫孩子吃肉类和蔬菜，那么孩子非但不会听从父母的话，而且还会对肉类和蔬菜更加反感，这样只会导致事与愿违。作为父母固然希望孩子能够摄入均衡的营养，快速地成长，但是在帮助孩子调整饮食结构方面却要耐下性子采取循序渐进的方式，例如，要想让孩子吃肉，可以从一些质地柔软的肉类开始，把肉类切成比较小的小块儿方便孩子吃，或者把肉类进行精细加工让孩子更容易咀嚼。在给孩子吃蔬菜的时候，也可以让孩子先吃那些没有异味并且比较好咀嚼的蔬菜，比如胡萝卜条和黄瓜条等这样的蔬菜。这些蔬菜都比较鲜甜，味道清香，不容易引起孩子的反感。此外，还可以用西红柿给孩子烹饪一些美味的食物，大多数孩子都喜欢酸甜口味的西红柿，做成西红柿炒鸡蛋或者是西红柿汤等，都很受孩子的欢迎。这样循序渐进地让孩子接受几种蔬菜，渐渐地，孩子就会越来越喜欢蔬菜，这个时候再丰富蔬菜的种类,孩子自然会很乐意去尝试。

父母不管多么心急,都不要试图在短时间内改变孩子的饮食结构,更不要试图在短时间内就帮助孩子形成良好的饮食习惯。不管做什么事情都要有耐心,对于孩子而言,肉类和蔬菜的确是难以咀嚼和消化的食物,所以父母更要有耐心,一步一步地来,让孩子慢慢地从排斥这两类食物到接受这两类食物,再到喜欢这两类食物,从而摄入均衡营养,养成良好的饮食习惯,不挑食或者偏食,成长得健康茁壮。

孩子为何爱看电视

随着电子产品的普及,越来越多的孩子开始沉迷于电子产品,而且接触电子产品的孩子的年龄有越来越小的趋势。如今,基本上每家每户都有电脑、电视等电子产品,这已经成为家庭生活的标配。如果说小小年纪的孩子使用电脑还有一定的难度,那么对于孩子而言,观看电视则更加简单容易,毕竟电视遥控器很容易操作,而且当孩子哭闹的时候,一部分家长也都很愿意让孩子聚精会神地盯着电视屏幕。只要孩子不哭闹,他们就会允许孩子一直看电视。正是在这种心态的驱使下,孩子对于电视的迷恋程度越来越大,尤其是有一些孩子因为从小就习惯于和家人一起看电视,对于电视的兴趣已经超过了同龄孩子,大有愈演愈烈之势。父母一定要对孩子加以引导和帮助,不要让孩子始终沉迷于电视。

细心的父母会发现,才几个月的孩子,当电视上出现广告的时候,他们就会很感兴趣地盯着电视屏幕看。这并不意味着孩子能够理解电视的内容,而是因为电视上出现广告的时候,色彩非常鲜艳,画面非常丰富,而且会有很生动的音乐声。而等到广告结束之后,孩子马上就会把头扭开,因为他们不愿意看电视剧,也不能够理解电视中的剧情。

对于一岁多的孩子而言，喜欢看电视广告是可以理解的。但是如果一岁多的孩子对电视表现出特别的热爱，那么父母就要注意了。因为一岁多的孩子不应该对电视产生这么浓厚的兴趣，如果孩子已经对电视表现出兴趣，那么就意味着父母对于孩子的养育出现了问题，或者是负责带养孩子的家长在带孩子的过程中过多地看电视，无形中影响了孩子，使孩子也非常喜欢看电视。

儿童教育专家指出，当孩子过早地迷恋看电视，对于他们的智力发育是非常不利的，而且还会影响他们的视力。一岁多的孩子可以对广告产生兴趣，也可以看几分钟一集的动画片。除此之外，如果他们对更多的电视节目感兴趣，父母就要引起警惕。对于一岁多的孩子而言，他们更应该做的是快乐地玩耍，而不应该沉迷于电视剧集之中。

其实，很多孩子之所以爱看电视，与负责带养他们的父母或者老人的生活习惯有很大关系。曾经有研究机构经过调查发现，那些由老人负责抚养的孩子往往更喜欢看电视，这是因为老人没有那么多时间和精力，也没有那么多耐心和孩子一起玩耍，他们抚养孩子往往遵循传统的观念，觉得只要给孩子吃饱喝足，让孩子不要磕碰到就万事大吉了。他们不会了解孩子看电视会影响智力发育，会伤害眼睛。所以当孩子哭闹的时候，他们就会打开电视机给孩子看。也有一些老人本身就是电视迷，当家里有两台电视的时候，他们会选择自己看一台电视，而给孩子看另外一台电视，这会直接导致孩子越来越喜欢看电视。

要想帮助孩子戒掉电视瘾，在家庭生活中，父母千万不要犯"只许州官放火，不许百姓点灯"的错误。父母允许孩子看电视，必须为孩子限定时间，也要选择适宜孩子观看的电视内容。当限定看电视的时间到了之后，父母最好不要当着孩子的面继续看电视。如果想看电视，父母可以先把孩子哄睡着，等到孩子安然入睡之后，父母再抽出时间来享受自己快乐的看电视的时光，这样就能够避免电视给孩子造成负面的影响。

虽然电视中有很多有趣的内容，但是并不会让孩子动脑，所以与其让孩子把宝贵的时间用在看电视上，父母还不如用这些时间陪伴孩子一起做游戏或者给孩子讲故事，这才是有益于孩子成长的亲子陪伴方式。

除了给孩子讲故事，陪着孩子做亲子游戏之外，白天天气好的时候，父母还可以带着孩子去公园里玩，让孩子亲近大自然，也可以和孩子去做一些有益于身体健康的运动，例如远足等。虽然孩子还小，但是他们能够感知到周围的世界，这远远比看电视节目更能充实和精彩他们的生活。

参考文献

[1] 路易斯·埃姆斯,弗兰西斯·伊尔克.你的1岁孩子[M].北京:北京联合出版公司,2018.

[2] 韩国《柠檬树》编辑部.为1岁孩子必做的116件事情[M].杨俊娟,等,译.北京:科学普及出版社,2012.

[3] 韩国《柠檬树》编辑部.为2岁孩子必做的49件事情[M].杨俊娟,等,译.北京:科学普及出版社,2012.